평화의 지정학

평화의 지정학

The Geography of the Peace

섬앤섬
SOMENSUM PUBLISHING COMPANY

The Geography of the Peace by Nicholas John Spykman
copyright©1944 by Harcourt, Brace & World, Inc.
Korean translation copyright © 2019 by somensum Publishing, Co.
All right reserved

발간사

21세기는 지정학의 시대이다. 많은 사람들이 지정학이란 말을 주저 없이 입에 올리지만 정작 지정학의 학술적 이론을 잘 아는 사람은 많지 않은 것 같다. 왜냐하면 대학에서도 그것을 본격적으로 가르치는 곳이 거의 없기 때문이다. 시대적 상황에 부응하여 지정학을 알기 위해서는 지정학의 고전부터 시작해야 한다. 그리고 기회비용을 고려한다면 여러 고전 중에서도 니콜라스 스파이크먼(Nicholas John Spykman)이 가장 좋은 출발점이 될 것이다.

'한 나라의 지리적 위치가 그 나라의 잠재적 갈등을 결정한다'고 주장하는 미국의 선구적 지정학 이론가 스파이크먼의 연구 업적은 2차 세계대전 이후 국제 질서를 주도했던 미국 외교정책의 길잡이 역할을 하였고, 지금까지도 국제정세를 분석할 때 유용한 이론적 틀이 되고 있다. 현재 미국과 중국의 경쟁 상황이 70여 년 전 저서에 이미 암시되고 있을 정도로 그의 통찰력은 탁월하다. 이에 한국지정학연구원에서는 스파이크먼 이론의 핵심이 응축되어 있는 《The Geography of the Peace》를 번역 출간하기로 결정하였다. 다만 저자가 책 제목에서 '지리'라는 말을 당시 생소했던 '지정학'의 의미로 사용했기에 번역서의 제목을 '평화의 지정학'으로 정하였다.

1941년 12월 7일 일본제국이 태평양을 건너 하와이의 진주만을 공격하고, 12월 11일 일본의 동맹국들인 독일과 이탈리아가 동맹조약 이행을 요구하지도 않는데도 불구하고 대서양 너머 미국에 선전포고를 하였다. 이에 미국의 안전이 역사상 최대, 최고의 위험에 처해 있을 때 스파이크먼은 영국의 지정학자 매킨더(Halford Mackinder)의 영국식 지정학 이론을 미국에 적용하여 제2차 세계대전 기간과 종전 후 세계에서 미국이 수행해야 할 외교정책의 목적과 전략을 제시했다. 전쟁에서 미국이 아직 어떤 큰 전투적 승리를 거두기도 전인 1942년 3월에 《미국의 세계전략 America's Strategy in World Politics》을 출간했던 것이다.

위 책에서 스파이크먼은 미국의 승리를 확신했을 뿐만 아니라 전후 일본은 유럽의 영국처럼 미국의 보호를 받게 될 것이고, 미국에 대한 가장 큰 위협은 무장한 거대한 근대 중국과 러시아가 될 것이라고 참으로 놀라운 예상을 했었다. 따라서 그는 유라시아 대륙, 즉 유럽과 아시아에서 힘의 균형을 유지하는 것이 미국의 안전과 세계평화에 긴요하고, 미래의 유라시아 대륙은 연안국들의 투쟁의 장이 될 것이라고 내다보았다. 전쟁이 끝나기도 전에 먼 훗날 우리가 경험할 냉전의 시대를 정확히 예측했던 셈이다. 그래서 그는 전후 미국의 대소對蘇 봉쇄정책의 대부God-father로 간주되었다.

이처럼 탁월한 통찰력의 지정학자인 스파이크먼이 1942년 가을학기에 예일대학에서 '오늘날 미국의 안보 지위'라는 주제로 강의를 했고 그 강의 내용을 토대로 다음 저서를 출간할 예정이었지만 그는 불행히도 이듬해에 세상을 떠나고 말았다. 동료 교수들과 제자들이 이를 안타깝게 여겨 그의 속기된 강의를 책으로 출간하였는데 그것이 바로 이 책의 원전이다.

그 결과 독자들은 무거운 저서가 아닌 짧고 간결한 강의노트를 통해 그의 지정학 이론의 진수에 쉽게 접할 수 있게 되었다. 한국지정학연구원이 그의 이전 저서보다 이 책을 번역 출간하기로 결정한 것도 바로 이러한 이유에서이다. 이 책의 번역을 결정한 본 연구원의 이웅현 원장과 번역에 심혈을 기울여 준 모준영, 김연지, 그리고 오세정 연구원들에게 깊이 감사드린다.

한국지정학연구원 이사장
강 성 학

감사의 말씀

이 편집 작업은 프레드릭 던$^{Frederick\ S.\ Dunn}$ 교수의 친절한 협력 덕분에 성공적으로 완수할 수 있었다. 그는 많은 시간과 노력을 기울여 원고에 대한 신중한 비판을 해주셨고, 내가 스파이크먼 교수의 견해를 정확하게 해석하는 데 어려움을 겪을 때마다 도와주셨다. 이 책의 매우 중요한 부분인 감사의 말씀을 쓸 기회를 갖게 되어서 매우 기쁘다. 또한 원고가 개선될 수 있도록 많은 소중한 제안을 해주신 아놀드 울퍼스$^{Arno.d\ Wolfers}$ 교수와 하워드 A. 메이어호프$^{Howard\ A.\ Meyerhoff}$ 교수, 그리고 윌리엄 T.R. 폭스$^{William\ T.R.\ Fox}$씨께 감사를 표할 수 있게 된 것 역시 기쁘다.

    이 책에 포함된 지도들은 스파이크먼 교수의 아이디어를 매우 잘 나타내고 있는데, 대부분의 지도는 교수님의 지도를 받아 내가 그린 것이다. 완성된 도면은 J. 스마일리$^{J.\ McA.\ Smiley}$가 탁월한 기술로 원본에 충실하게 작업한 것이다.

    지도 중 4개(3, 4, 18, 19번)는 리처드 해리슨$^{Richard\ Edes\ Harrison}$이 투영법을 적용해서 그렸던 것인데, 너그럽게도 이 지도들을 사용하도록 허락해주셨다. 다른 두 개의 지도(11, 50번)는 해리슨이 《포춘지$^{Fortune\ Magazine}$》에 싣고자 작성한 지도를 기반으로 하였다. 해리슨과 포춘지의 협력에 감사드린다.

헬렌 R. 니콜$^{HELEN\ R.\ NICHOLL}$

차례

발간사 · 5

감사의 말씀 · 7

서문을 대신하여 · 11

I 전쟁과 평화의 지리학 · 19
평화를 위한 대안적 길 · 23
지리와 외교정책 · 25
지정학과 안보 · 29

II 세계와 지도 · 31
지도 제작과 문제점 · 34
투영법의 종류 · 36
선택된 세계 지도 · 44

III 서반구의 위치 · 51
대외 정책의 고려 요소 · 56

지리적 위치와 힘의 세계적 분포 · 58
잠재적 힘의 분포 · 62
미국과 세계 · 70

IV 유라시아의 정치 지도 · 73
매킨더의 세계 · 77
하트랜드 The Heartland · 81
림랜드 The Rimland · 84
근해 대륙 The Off-Shore Continents · 85
유라시아 정치의 역동성 · 86

V 안보 전략 · 91
세계 전쟁 · 94
제2차 세계대전의 전략 패턴 · 98
유라시아 갈등 지역 · 103
미국의 대(對)유라시아 접근로 · 108
바람직한 미국의 외교정책 · 113

[해제]
1. 스파이크먼의 지정학과 그 영향 **모준영** · 119
2. 마한, 매킨더, 스파이크먼의 고전 지정학 이론과 한반도 **김연지** · 134
3. 미국과 중국의 패권 경쟁과 한국의 지정학적 운명 **오세정** · 149

부록 · 159

지도 차례

지도 1 원뿔도법
지도 2 심사도법
지도 3 정사도법
지도 4 등거리 방위도법
지도 5 시뉴소이드 도법
지도 6 몰바이데 호몰로그래프 도법
지도 7 메르카토르 도법
지도 8 골의 평사도법
지도 9 밀러 도법
지도 10 전통적인 유럽 중심 메르카토르지도
지도 11 방위등거극도
지도 12 서반구 중심의 밀러 도법 등거리 방위도법
    지도 13 세인트 루이스 중심 지도
    지도 14 북극 중심 지도
    지도 15 파나마 운하 근해 중심 지도
    지도 16 도쿄 중심 지도
    지도 17 베를린 중심 지도
    지도 18 런던 중심 지도
    지도 19 모스크바 중심 지도
지도 20 지리적 포위
    1938년 체코슬로바키아
    1939년 폴란드
    1941년 유고슬라비아
지도 21 세계 지형도
지도 22 기후대
지도 23 강수량의 분포
지도 24 밀 생산 중심지
지도 25 쌀 생산 중심지
지도 26 석탄 및 철 자원
지도 27 석탄 및 철 생산량, 1937년
지도 28 잠재적 수력 추정치, 1936년
지도 29 석유 생산 중심지
지도 30 인구 밀도 분포
지도 31 일일 노동생산량, 1929년
지도 32 포위된 서반구
지도 33 매킨더의 세계
지도 34 하우스호퍼의 세계
지도 35 유라시아의 지정학 지도
지도 36 세계의 경작지
지도 37 1914-1921년 독일과 일본의 최대 팽창 상황
지도 38 제1차 세계대전의 종결
지도 39 1931-1942년 독일과 일본의 최대 팽창 상황
지도 40 단일세력 대 연합세력
지도 41 1943년의 전장
지도 42 공간 대 힘
지도 43 하트랜드의 관문
지도 44 추축국이 형성한 장애물
지도 45 유라시아 갈등 지역
지도 46 하트랜드 대 림랜드
지도 47 림랜드 내부의 갈등
지도 48 해양세력 대 수륙양면 세력의 갈등
지도 49 공군력과 연해
지도 50 북극항로
지도 51 서반구의 미래?

서문을 대신하여

만약 미국 정치가들의 계획이 완전히 부적절한 것으로 판명된 분야가 있다면 그것은 국가 안보를 유지하는 분야일 것이다. 세계에서 가장 안전한 국가로 보이는데도 불구하고 우리는 지난 사반세기 동안 두 번의 치열한 세계 대전에 개입했으며, 적어도 두 번째 전쟁의 어느 시점에서는 심각한 패배의 위험에 처했었다. 우리 정치가들이 취했던 일련의 행동들은 분명히 그들이 국가의 운명에 무관심하지 않았음을 보여 주고 있지만, 행동의 결과에 관한 예측은 계속해서 틀렸고 문제를 바라보는 그들의 사고방식은 대체로 성공적인 해결책을 제공하지 못했다. 그러므로 모든 주제 중 가장 어려운 주제인 국가 안보를 분석하는 도구와 접근법을 가능한 모든 수단을 동원해서 개선해야 하는 데에는 충분한 이유가 있다.

최근 몇 년 동안 국제 관계 중 안보 문제에 대한 이론적 연구는 거의 발전이 없었다. 실제로 세계는 영국의 지리학자인 매킨더$^{H.\,J.\,Mackinder}$가 1904년에 발표한 논문인 〈역사에서 본 지리적 추축$^{The\ Geographical\ Pivot\ of\ History}$〉의 중요한 공헌조차 인정하지 않았다. 그는 지리적 위치에 대한 연구에서 영국 제국의 안보 상황에 적용한 몇 가지 일반적인 결론을 이끌어냈다. 불행하게도 안보 문제에 대한 지리적인 접근은 하우스호퍼$^{Karl\ Haushofer}$와 독일 지정학파에게 점령되었고, 영토 확장 정책을 정당화하는 사이비 과학으로 왜곡되었다. 다른 나라에서는 이 주제에 거의 관심을 기울이지 않았다.

예일대학교의 니콜라스 존 스파이크먼$^{Nicholas\ John\ Spykman}$ 교수는 안보연구에서 매우 중요한 근원인 지리적 요인을 간과하고 있다는 것을 인식하고 있는 소수의 미국 학자 중 한 명이었다. 그는 세계의 다른 지역과 관련해서 미국의 위치를 연구하면 할수록 우리의 안보정책이 비현실적이고 부적절하다는 것을 더욱 확신하게 되었다. 스파이크먼은 초기 지정학자들의 방법이 조잡하고 부정확하다는 것을 인식했지만, 그럼에도 불구하고 그 방법들이 정책 입안자들이 무시하고 있는 많은 당연한 사실을 밝혀냈다고 생각했다.

이 분야에서 스파이크먼 교수의 첫 번째 연구업적은 1938년과 1939년에 《American Political Science Review》에 발표한 지리와 외교정책 사이의 관계에 관한 일련의 논문들이었다.[1]

그 후 그는 이 관점에서 반구방위정책$^{the\ policy\ of\ hemisphere\ defense}$에 대한 연구에 착수했는데, 이 정책은 당시 미국 내에서 유럽의 전쟁에 개입하는 것을 피하기 위한 최선의 수단으로 강하게 지지받고 있었다. 표면적으로 이 정책은 미국에 상당히 유리한 것처럼 보였다. 대서양과 태평양의 광활한 공간은 유럽이나 아시아로부터의 침략을 막을 수 있는 거의 난공불락의 장벽을 제공할 것으로 보였고, 반구 내에 있는 엄청난 양의 원자재는 외부의 자원에 의존하는 것을 피할 수 있게 하는 것처럼 보였다. 우리는 파나마 운하

---

[1] "Geography and Foreign Policy" by Nicholas J. Spykman, *The American Political Science Review*, Vol. XXXII, Nos. 1 and 2, February and April, 1938; "Geographic Objectives in Foreign Policy" by Nicholas J. Spykman and Abbie A. Rollins, op. cit., Vol. XXXIII, Nos. 3 and 4, June and August, 1939.

를 열어 둔 채로 편히 앉아서 침입자가 사정거리 내로 접근하기를 기다리기만 하면 되는 것처럼 보였다.

그러나 스파이크먼 교수의 분석에 따르면 이것은 위험한 환상일 뿐이었다. 유럽 본토를 통제하고 있는 국가 또는 국가들이 결정적인 공격을 해올 경우, 이에 대항하여 대서양 쪽에서 우리 자신을 방어할 가능성은 실제로 적었다. 오직 영국 함대가 대서양과 태평양을 완전히 통제하고, 우리가 영국의 섬들을 유럽 대륙에 대한 전진 기지로 사용할 수 있을 때만 확실히 생존할 수 있었다.

이 분석의 결과는 1942년 3월 예일국제문제연구소가 《미국의 세계전략 America's Strategy in World Politics》이라는 제목으로 출판한 책에 실려 있다. 이 책은 출간되자마자 미국의 안보 문제를 더욱 적절하게 이해할 수 있는 중요한 한 걸음을 내디딘 것으로 평가되었다. 이후 스파이크먼 교수가 도출한 결론 중 많은 부분이 광범위하게 수용되어 현재 미국의 외교정책 문서에 적용되었다.

스파이크먼 교수는 국제 관계에서 힘의 문제와 지정학적 분석을 적용하여 안보정책을 수립하는 것에 대한 그의 견해를 더욱 발전시킬 수 있는 또 다른 책을 쓰고자 했다. '현재 세계에서 미국의 안보 지위'에 관한 주제로 1942년 가을에 개설한 강의에서 그의 사상이 잘 나타났다. 이 강의는 안보 문제에서 지리적 위치의 중요성을 보여주기 위해 그가 만든 지도 슬라이드들을 가지고 진행되었다. 강의는 속기록으로 보존되었는데, 그는 이 속기록과 지도들을 새로운 책의 기초로 사용하고자 하였다. 그러나 얼마 후 그는 병에 걸렸고 계획을 실행할 기회 없이 1943년 6월 26일에 사망하였다.

그가 해 온 연구를 잘 알고 있었던 우리 연구소는 미국의 안보 문제에 대한 그의 연구 성과를 잃게 될까 봐 매우 염려하였다. 그래서 가능한 한 그의 의도에 따라 계획을 실행하기로 하고, 강의와 지도에 기반하면서 그의 견해를 더 분명히 밝혀주는 노트와 서신들의 내용을 포함한 책을 출간하기로 하였다. 이 과업은 우리 연구소의 일원인 헬렌 니콜$^{\text{Helen R. Nicholl}}$에게 맡겨졌는데, 그녀는 스파이크먼 교수의 연구조교로 2년간 일했기 때문에 그의 견해와 연구방법에 대해 매우 잘 알고 있었다.

그 노력의 결과가 바로 이 책이다. 니콜은 훌륭한 능력과 상상력을 가지고 스파이크먼 교수의 계획과 의도에 충실하게 어려운 임무를 해내었다. 본문의 많은 부분은 새로 작성되었지만 그녀는 스파이크먼의 사상은 물론 심지어 표현방식과 문체까지 구현해내었다. 이 책은 외교정책의 가장 근본적인 문제, 즉 전후 미국의 안보 문제에 적용될 지정학적 분석 방법을 분명하고 포괄적으로 설명하고 있다. 이러한 분석의 결과물은 외교정책을 수립하는 책임을 지고 있는 사람들에게 명확한 행동 지침뿐만 아니라 많은 생각거리를 제공한다. 스파이크먼 교수의 분석과 결론에 세심한 주의를 기울이지 않고서는 일관되고 실행 가능한 안보정책이 어떻게 실현될 수 있는지를 알기 어렵다.

이 책의 중심 교훈은 분명하다. 미국의 안보 상황에서 가장 중요한 사실은 누가 유럽과 아시아의 림랜드^{rimland}(주변지역)를 통제하는지에 관한 질문이다. 이 림랜드들이 미국에 적대적인 국가나 국가 연합의 수중에 들어가면, 그 결과로 유발되는 고립으로 인해 육군 및 해군의 규모와 상관없이 우리는 중대한 위험에 빠지게 될 것이다. 이런 위협은 과거에 희미하게나마 현실화되었다. 최근 두 번에 걸쳐 단일한 세력이 유럽 본토를 장악하려고 위협했고, 우리는 그것을 막기 위해 전쟁에 가담했다. 그러나 우리의 노력은 뒤늦게 이루어졌고, 엄청난 비용을 치러야 했다. 만약 지리적 위치의 함의를 완전히 인식하고 있었다면, 우리는 위협이 처음 발생하는 단계에서 그것을 막을 수 있는 외교정책을 채택했을 것이다.

책의 함의에 대한 오해가 있을 수도 있을 것이다. 유럽이나 아시아가 단일한 세력에 의해 통일되는 것을 무력을 동원해서 막는 것은 우리가 해야 할 일이 아니며, 그런 행동은 다른 지역의 일에 대한 과도한 간섭이라는 비판이 의심의 여지없이 예상된다.

이번 전쟁이 끝날 무렵 유럽과 극동에서의 예상 가능한 상황을 고려하다보면 그러한 비판에 대한 최선의 답변을 구할 수 있다. 유럽 림랜드의 대부분은 완전한 독립을 열망하고 있는 민주주의자들의 수중에 있을 것이다. 분할되지 않는 한 독일은 여전히 대륙에서 가장 큰 국가일 것이므로, 유럽 통일에 대한 어떠한 계획을 만든다고 해도 ―합의문의 법적 조항과 상관없이― 유럽은 독일에 종속될 가능성이 크다. 현재 자유를 위해 싸우고 있는 국가들이 자발적으로 이러한 합의에 복종할 것으로 보이지는 않는다. 이 나라들이 독일의 멍에로부터 자유로워지는 것을 돕기 위해 엄청난 희생을 치른 상태에서, 미국이 독일의 지배를 복원하는 것에 동의하지도 않을 것이다. 이 같은 통일은 공격적인 행동으로만 가능할 것이다. 이 책의 논지는 그러한 공격적인 행동이 일어나지 않도록 저울에 무게를 가하는 것이 미국에게 이익이 된다는 것을 분명하게 밝히는 것이다. 그런 일이 일어나는 것을 허용한다면, 우리는 필연적으로 제3차 세계대전에 개입하게 될 것이고, 그 전쟁의 결과는 우리에게 그리 호의적이지 않을 수도 있다.

마찬가지로 단일 세력이 극동 지역을 장악하는 것을 막기 위해 미국이 무력 개입을 해야 하는 상황이 만들어질 가능성도 없어 보인다. 아마도 전후에 일본은 ―전쟁이 끝날 무렵에― 이런 측면에서 당분간 실제적 위협이 되지 못하도록 관리될 것이다.

마찬가지로 중국도 아시아 연안 전체에 통제권을 확대할 입장에 있지 않을 것이다. 북부 림랜드는 소비에트 러시아의 손에 계속 남아 있을 것이고, 인도차이나, 태국, 버마 같은 남부 국가들이 자발적으로 중국 지배 하의 통일 계획에 순응할 것이라고 가정할 이유도 없다. 유럽의 경우와 마찬가지로, 통일은 강력한 침략행위로만 가능할 것이다. 그러나 중국은 현재 자신의 국경 내의 통일을 이루기에도 충분히 강하지 못하다. 다른 국가들을 자신의 통제에 복종하도록 강제할만한 군사력을 가지기까지는 오랜 시간이 걸릴 것이다. 물론 중국이 극동 지역의 침략 프로그램에 착수한다면 유럽이나 아시아의 다른 국가의 경우와 마찬가지로 우리가 이 위협을 무시할 수는 없다. 하지만 중국이 이런 프로그램을 시행할 가능성은 매우 희박해 보인다.

또 다른 강대국인 소비에트 러시아가 서유럽으로 영토 확장을 시도함으로써 유럽의 림랜드를 통합하려고 노력할 수도 있다. 동시에 소련이 극동에서도 세력을 확장한다면, 우리는 의심할 여지없이 큰 위험에 처할 것이다. 하지만 그러한 비상사태가 예상되지 않으며, 그 시도가 러시아의 이익에 반할 것이라고 결론을 내릴 수 있는 많은 훌륭한 이유가 존재한다. 여기에서 그 이유들을 설명하기에는 공간이 충분하지 않다. 이와 관련된 것은 윌리엄 T. R. 폭스가 곧 발표할 다른 연구에서 다루어질 것이다. 유럽의 림랜드에 독립국가들이 지속적으로 존재하는 것이 미국만큼이나 소비에트 러시아에도 이익이 되는데, 소련에 대항하는 미국과 영국의 잠재적 연합에 대비해서 이들을 소련의 완충지역으로 활용할 수 있다는 정도로 설명해두면 충분할 것이다.

그러므로 스파이크먼 교수의 분석에 기초한 안보정책을 따르면 우리가 유럽이나 아시아의 통일을 막기 위해 적극 개입할 것이라고 우려할 근거는 거의 없다. 그가 강조하는 것은 일반적인 평화와 특히 우리 자신의 안전을 보장하고자 한다면 우리가 세계 문제에서 일정한 역할을 맡는 것이 중요하다는 것이다.

흥미롭게도 이 연구에서 제시된 정책적 결론은 힘을 국제 관계의 기본 요소로 간주하지 않는 사람들이 제안하는 목적과 이상에 매우 밀접하게 부응하고 있다. 따라서 스파이크먼 교수의 분석은 미국이 세계 문제에 적극 참여해야 하는 매우 강력한 논거를 제공한다. 이것은 왜 우리가 침략을 막아야 하는지에 대한 훌륭한 이유를 제공해 준다. 전쟁이 끝날 무렵 맞이하게 될 세계에서 효과적인 국제안보체제를 고안하기 위해 우리가 무엇을 해야 하는지를 매우 명확하게 제시하고 있다. 그러므로 자유주의 성향의 사람들이 국제 사회에서 힘의 역할을 솔직하게 받아들이는 분석 방법을 사용하는 것을 주저해야 할 어떤 이유도 없다.

인류애가 충만한 진정한 코스모폴리탄에게 국가 이익에 기반한 솔직한 연구는 불쾌하게 느껴질 수도 있다. 그러나 스파이크먼 교수가 세계 문제에 참여하는 것이 우리의 국가 이익에 부합한다는 것을 보여주었기 때문에 세계 문제에서 미국의 책임 있는 참여에 반대한다는 주장을 할 수는 없다. 오직 자신의 이익을 위해서만 행동하기를 원치 않는 사람들에게는 '정직은 최선의 정책이다'라는 계율이 비도덕적이거나 심지어 부도덕적으로 보이겠지만, 이 때문에 정직하지 못한 사람이 될 필요는 없다.

정치지리학의 이론적인 측면이 일반인에게는 익숙하지 않고 일부 외교 업무 담당자들에게도 생소하기 때문에, 지도와 지정학의 기초에 대한 설명을 하나의 챕터로 책에 포함하는 것이 바람직하다고 생각하였다. 이것은 지정학적 분석 방법을 이해하는 데 필요한 최소한의 분량으로 정리하였다. 비록 적은 양이지만, 외교정책의 가장 근본적인 문제들을 연구하는 데 매우 유용한 도구가 될 것이다.

내 친구이자 동료인 니콜라스 스파이크먼에게 개인적인 찬사를 돌리지 않고는 이 글을 마무리할 수가 없다. 그와 함께 한 몇 년은 내 인생에서 가장 보람 있는 경험 중 하나였다. 그가 나를 예일대학교로 오도록 이끌어 주었는데, 당시 예일대학교는 스파이크먼의 노력으로 국제관계학과를 개설하고 국제문제연구소를 설립하는 중이었다. 아놀드 울퍼스 교수와 나는 처음부터 그와 함께 이 큰 모험에 동참했고, 우리의 파트너십은 놀랄 만큼 행복하고 생산적인 결과를 끌어냈다. 스파이크먼 교수의 지휘 아래 연구소와 학과의 설립이 순조롭게 진행되었고, 이후로 빠른 성장을 이루었다. 그는 엄청난 일꾼이었고 다양한 학문 분야의 대가였다. 나는 그가 자신에게 불편하거나 동료들에게 받아들여지기 힘든 결론에 도달하는 일이 있더라도 자신의 논리를 따르는 데 주저하는 것을 결코 보지 못했다. 교수자로서도 탁월해서 수많은 예일대 학생들에게 사라지지 않는 인상을 남겼다. 그가 49세의 비교적 젊은 나이에 사망했다는 사실은 미국 외교에 막대한 손실을 안겨주었다. 그 손실이 얼마나 막대한지 이 연구소에 있는 그의 동료들보다 더 잘 아는 사람은 없을 것이다.

예일국제문제연구소 소장 프레드릭 셔우드 던[Frederick Sherwood Dunn]

코네티컷 뉴헤이븐
1943년 11월 1일

I
전쟁과 평화의 지리학

우리는 오늘날 순전히 물리적 힘을 놓고 강대국들이 벌이고 있는 거대한 투쟁을 마주하고 있다. 강대국들은 세계 질서의 토대를 자신들의 아이디어와 원칙으로 확립하고자 경쟁하면서 수백만 톤의 강철과 화약, 수십억 달러의 돈과 엄청난 양의 인간 에너지를 퍼붓고 있다. 이러한 상황은 자명한 진실의 원칙이나 신성한 도덕적 가치만으로 우리가 열망하는 이미지의 세상을 구축하기 어렵다는 것을 보여준다. 국가 생존을 위해서도, 더 나은 세상의 창조를 위해서도 물리적 힘이 필수불가결한 도구임은 명백하다. 하지만 우리 문명의 가장 근본적인 가치가 노골적인 힘의 행사로 완전히 파괴되는 것을 막으려는 바로 이 순간에, 국제 관계에서 힘의 본질에 대해 연구하고 우리나라가 가진 힘의 강점과 약점에 대해 분석하는 것은 비난이나 경멸의 대상이 될 것이다. 특히 자유주의자들과 자신들을 이상주의자라고 부르는 많은 사람들은 국제 사회에서 힘이라는 주제를 도덕적으로 반대해야만 하는 것으로 보는 경향이 있다. 그들은 평화와 안보에 관한 연구를 할 때 민주주의 문명의 이상을 다뤄야 하고, 힘이 작용하지 않는 더 나은 세계 질서의 비전만을 다뤄야 한다고 생각한다.

사실 물리적 힘이 뒷받침하지 않는 정치적 이상과 비전은 생존 가능성이 거의 없어 보인다. 서구 민주주의 국가들은 스스로의 힘이나 동맹국의 힘을 효과적으로 사용하면서 존재하고 보전하고 있다. 지난 2세기 동안 대영제국, 프랑스, 스칸디나비아 국가 및 유럽의 일부 작은 국가들은 최상의 민주주의의 축복을 누렸다. 하지만 1940년 이후 노르웨이, 덴마크, 네덜란드, 벨기에, 프랑스는 무자비한 독재자의 발밑에 놓였고, 영국에 생성된 폭탄 구덩이들과 건물 잔해들은 자유를 위한 투쟁의 기념물이 되었다. 작은 국가들은 아무런 힘도 갖고 있지 않았고, 영국과 프랑스는 그들의 힘을 증진시키는 데 관심을 두지 않았다. 우리 문명 전체의 운명은 침입당한 러시아, 배수의 진을 치고 있는 대영 제국, 그리고 마지막 순간에 개입한 미국이 공동의 적을 무찌르는 데 필요한 무력 수단들을 얼마나 빠르게 증진시킬 수 있는지에 달려 있었다. 적국들은 엄청난 힘을 축적해, 천년을 바쳐 만들어 온 서구 문명의 의미와 자부심이라고 할 수 있는 모든 가치를 파괴하고자 했다. 오직 연합국 군대만이 적들이 목적을 달성하지 못하게 막을 수 있었다.

그렇다면 국제 사회에서 국가 안보란 힘을 가진 조직과 매우 밀접한 관계가 있음이 분명하다. 오늘날 국제 사회의 주요 특징은 주권국가의 독립성인데, 주권국가는 다른 국가와 관계에서 어떠한 우월한 권위를 인정하지 않는 기본 단위로 인식된다. 비록 국가들이 해결해야 할 특정한 문제를 다루기 위해 국제기구들이 설립되었고, 국가들은 서로에 대한 행동을 통제하는 일련의 규칙들에 합의했지만, 각 국가의 안보에 대한 최종 책임은 여전히 개별 국가에게 있다.

국가는 사회조직이기는 하지만, 명확하게 제한된 영역을 영토적 기반으로 가진다는 점에서 다른 사회조직들과 구분된다. 국가는 지구의 특정 부분에 대해 최고 권위를 행사하고, 국가의 활동은 영토의 물리적 특성에 직접 영향을 받는다. 실제로 국가라는 존재는 특정 영토에 대한 논란의 여지 없는 소유와 너무나 밀접하게 연관되어 있기 때문에, 타국에 의한 모든 영토적 침해는 국가의 생존을 위협하게 된다. 따라서 안보는 영토에 대한 통제의 완전성 측면에서 이해되어야 한다. 더욱이 국가의 힘은 상당한 정도로 지리적 및 자연적 자원에 의해 결정되기 때문에, 영토의 물리적 특성은 안보가 유지되는 방식에 직접 영향을 미칠 것이다. 안전과 독립의 문제를 다룰 때 국가는 자국 내에서 또는 동맹국과 후원국으로부터 동원할 수 있는 힘에 기반해서 행동해야 한다.

평화를 위한 대안적 길

지난 100년 동안 힘의 행사 수단이 빠르게 발전하고, 국가들의 핵심이익 범위가 전 세계로 확장되면서 사람들은 국가의 안전을 보장하는 방법으로 물리적 힘을 사용하는 것 외의 다른 방법을 찾아내야 한다고 생각하게 되었다. 이를 위해 일부에서는 국제 관계에서 힘의 정치를 완전히 배제하고, 협력과 상호 관용에 의존해야 한다고 주장하기도 한다. 불행히도 이 해결책은 세계의 정치조직에 관한 기본 사실을 무시한 것이다. 그런 기본적 사실 중 하나는 근본적인 것이라고 생각하는 가치들이 비록 선하더라도 국가마다 매우 다르다는 것인데, 그들은 자신의 가치를 적용하기 위해 갈등을 피하지 않을 것이고, 자신이 정당하다고 생각하는 목적을 달성하기 위해 압력을 가하는 것도 마다하지 않을 것이다. 국가들은 핵심적이라고 간주하는 가치를 보호하기 위해 필요하다면 무력도 사용할 수 있다고 느낄 것이다. 간과할 수 없는 또 다른 사실은 지구상의 국가들이 각기 다른 발전 단계에 있으며 다양한 성장률을 보이고 있다는 점이다. 주어진 특정 시간의 정치적, 영토적 상태에 대해 어떤 국가들은 만족하지만 다른 어떤 국가들은 불만을 품고 있다. 그러한 불만족이 일정한 지점에 이를 때면 무력으로 상황을 바꾸려고 할 것이다. 협력과 인내의 정신만으로는 결의에 차서 변화를 추구하는 자를 막지 못한다.

어떤 학자들은 힘을 완전히 무시하는 체제의 실행 가능성이 낮다는 것을 인식하면서 국제 질서를 안정적으로 확립하기 위해서는 힘이 필요하다는 점을 솔직하게 인정한다. 그들은 세계공동체에서 초강대국에게 힘의 독점권이 부여되어야 한다고 주장한다. 그렇게 할 경우 개별 국가는 무장을 중단할 것이고, 모든 안보 문제는 한 국가의 육군이나 해군과 같은 방식으로 조직되고 기능하는 세계경찰에 의해 다루어질 것이다. 의심의 여지없이 이러한 해결책은 문제에 대한 완전한 대답이 된다. 그러나 이것은 전 세계 모든 사람이 인정할 수 있는 공통의 가치들이 존재한다는 것을 상정하고 있다. 이것은 국가공동체에 필적할만한 세계공동체가 존재하며, 그 공동체는 세계경찰의 행동을 지원하기에 충분한 응집력을 갖고 있다는 주요 전제에 근거한다. 그러한 국제 사회를 이루기 위해서는 매우 오랜 시간이 걸릴 것이 분명하다. 따라서 세계정부의 청사진은 먼 미래와 관련된 것이고, 전후 문제를 해결하기 위한 정책을 만드는 데 실질적인 지침을 제공할 수는 없다.

힘의 존재를 인정하면서도 세계정부 지지자들의 낙관적 생각을 피할 수 있는, 평화를 조직하기 위한 세 번째 대안이 있다. 집단안보체제는 침략으로부터 각 국가의 안전을 보장하는 데 필요한 힘을 제공하는 것이다. 각국은 자체의 군대를 유지하지만, 안보를 위협받고 있는 다른 국가를 방어하기 위해 싸울 의무도 수용할 것이다. 이러한 집단적 의무의 토대에서 결국에는 안전을 느끼게 되고, 국가들은 자국의 군비를 최소한으로 줄일 것이다. 그러나 이 체제는 합의된 의무에 의해서 각국이 전쟁에 나설 의지가 있느냐 없느냐에 따라 성공 여부가 결정된다. 대부분의 국가가 진심으로 의무를 준수하기를 희망할지라도, 보편적인 서면 합의는 새로운 상황에 적용될 때 다양한 해석이 가능하다는 문제가 남아 있다. 국가들은 집단 의무의 해석 과정에서 개별적 국가 이익이 영향을 미치지 않을 것이라고 확신하지 못할 것이다. 확실하게 자신의 안전을 보장할 힘이 있는 국가들은 그 힘을 포기하지 않을 것이고, 다른 국가들이 그들을 방어해 줄 것이라는 서면 약속에 의존하지도 않을 것이다. 실행 가능한 모든 집단안보체제는 그것을 집행할 수단을 보유한 강대국의 지원에 의존해야 한다. 강대국은 자국의 안전과 독립의 측면에서만 이것을 수행할 것이다. 따라서 약소국의 안전은 추상적인 '집단' 의무로 보장되는 것이 아니라, 개별 강대국의 국익 계산에 따라서 결정될 것이다.

지리와 외교정책

한 국가의 안보가 궁극적으로 방위를 위해 얼마만큼의 힘을 사용할 수 있느냐에 달려 있다면, 안보를 목표로 하는 정치전략은 평화 시에 국가의 힘을 유지하도록 해야 할 것이다. 이것을 효율적으로 수행하기 위해서 힘을 결정하는 요인들을 다루어야 한다. 군사전략가 역시 자신의 특별한 목적을 위해 힘을 사용해야 하므로, 평시의 안보를 위한 정치전략과 전시의 승리를 위한 군사전략은 구체적으로 연관되어 있다. 특정 적의 완전한 파괴는 전시에만 해당하는 목적이지만, 국가의 독립과 안전은 평시와 전시 전략 모두의 목적이 된다. 두 전략 모두 동일한 힘의 요소를 다루어야 한다. 따라서 전쟁과 평화는 밀접하게 얽혀 있고, 한 분야의 문제를 해결하는 사상은 다른 분야의 비슷한 질문에도 적용될 수 있다. 두 상황 모두에서 국가는 동일한 지리적 특성을 유지하고 있는 영토의 단위로 다루어져야 한다.

전장의 물리적 특성과 함께 인간과 물자라는 가용 자원이 군사력 계산에 절대적으로 중요하다는 것은 쉽게 알 수 있다. 평화 시에 국토의 특성이 외교정책에 다양한 영향을 미친다는 것 역시 명백하다. 국토의 크기는 상대적 힘에 영향을 미치고 천연 자원은 인구 밀도와 경제 구조에 영향을 미치는데, 이러한 지리적 성격들은 그 자체로 정책 수립의 요소가 된다. 적도나 해양, 또는 대륙과 관련된 위치는 힘의 중심, 갈등 지역 및 교통로와의 근접성을 결정하고, 이웃 국가와 관련된 위치는 잠재적 적의 위치를 정의함으로써 영토 안보에 대한 기본적인 문제들을 결정한다. 그러나 이러한 요소의 중요성은 지형과 기후에 의한 수정 효과를 고려하지 않고는 평가될 수 없다. 지형은 단일성 및 내부 응집력에 영향을 미치기 때문에 힘에 영향을 준다. 기후는 교통에 영향을 미치고 농업 생산에 대한 한계를 설정하기 때문에 국가의 경제 구조에 영향을 주고, 따라서 간접적으로 그러나 틀림없이 외교정책에 영향을 준다.

그러므로 국가의 안보 문제를 지리적 측면에서 고려하고, 외교정책을 수립하는 정치가들이 그 결론을 직접적이고 즉각적으로 사용할 수 있도록 해야 한다. 그와 같은 분석법은 지정학이라는 용어에 함축되어 있다.

오늘날 대부분 사람의 마음속에는 지정학의 본질에 대한 혼란이 존재한다. 이것은 이 용어가 적어도 세 가지 범주의 사상을 나타내기 위해 사용되어 왔기 때문이다. 일부 학자들, 특히 독일 학계의 학자들은 지정학을 역사 철학의 틀로 채택해 왔다. 그들은 지정학을 국가의 본성에 관한 이론으로 삼고, 영토 확장의 필요성과 타당성을 뒷받침하는 교리로 사용한다. 둘째로, 정치지리학의 동의어로 사용되었는데, 그 경우 개별 국가와 세계의 구조를 설명하는 일반 지리학의 정치적 하위분야에 불과하였다.

마지막으로 이 용어는 지리적 요인 측면에서 한 나라의 안보정책을 계획하는 것에 적용된다. 그런 다음 질문에 답을 한다. 주어진 지리적 상황을 고려할 때 안보를 달성하기 위한 최상의 정책은 무엇인가? 이러한 시각의 목적은 국가의 평화와 독립이지, 영토 확장이나 나머지 세계를 정복할만한 힘의 증대가 아니다. 지정학은 평화의 문제가 필연적으로 지리적 관점에서 국가들의 영토 관계를 포함한다는 것을 인식하고 있다. 그러므로 이 분석 방법은 위치의 선택과 공간 관계에 대한 인식을 포함하고 있는 모든 분야에서 정책을 입안하고 실행할 때 선행되는 사고방식이라고 할 수 있다. 우리는 거리를 건너거나 상점이나 공장을 위한 장소를 선택하거나 관측소를 위한 언덕이나 나무를 지정하거나 비행장의 위치를 정할 때, 지정학적 용어로 생각한다. 이러한 지리적 사고는 모든 도시 및 지역 계획에 필수이며, 언덕 꼭대기에 기병 정찰대를 보내든 세계 전쟁에서 대륙 침략을 하든 모든 군사 작전을 위한 준비에 선행되어야 한다. 그렇지만 지정학의 특화된 분야는 외교정책 분야이고, 이 분석의 특징은 정당한 목적 달성을 위한 적절한 정책을 수립하기 위해서 지리적 요인을 사용한다는 것이다.

물론 이러한 분석의 본질은 결정할 정책의 본질, 즉 주어진 문제의 특성에 달려 있다. 공장을 어디에 지을지를 결정할 경우, 시장까지의 거리가 미치는 영향과 생산비용 중 원자재 비용의 비중을 알아야 하고, 가용전력과 노동시장의 위치도 알아야 한다. 전시 비행장이나 포병 관측소 부지를 선택할 경우 통신 보급선의 거리와 특징, 그리고 관련된 지형적 특성을 고려해야 한다. 한편 국가 안전을 유지하기 위한 정책을 결정해야 한다면, 우리는 세계 속에서 영토의 위치, 영토의 크기와 자원, 그리고 다른 나라의 영토 및 힘의 분포를 고려해야 한다.

고려해야 할 문제의 성질에 따라 지리적 분석의 성질뿐만 아니라 분석할 지역의 범위도 결정된다. 현대 도시 계획의 기본은 도시의 지리이다. 지역 계획의 기본은 지역의 지리이다. 국가 계획의 기본은 국가의 지리이다. 평화를 위한 세계 계획의 기초는 세계의 지리여야 한다. 세계대전 기간에 군사전략은 전 세계를 하나의 단위로 고려해야 하며, 모든 전선을 서로의 관계 속에서 생각해야 한다. 지난 2세기 동안 군사행동 분야에서 엄청난 발전이 있었기 때문에, 현대의 지휘관은 18세기 지휘관에 비해 적의 상태에 대해 훨씬 더 다양한 지식이 필요하다. 당시에는 군사 시설에 대한 지식과 전장이 될 수 있는 지형의 특성에 대한 지식만으로 충분했다. 지금은 경제전 또는 심리전이 국가 전체를 전장으로 만들기 때문에, 전략가는 국력에 영향을 미치는 모든 요소에 대한 정보를 가지고 있어야 한다. 마찬가지로 정치가는 여러 세력들로 구성된 세계 속에서 일하고 있으므로 전체 지표면과 국력의 강약에 영향을 주는 요소들을 포함하여 자국의 평화에 영향을 줄 수 있는 모든 요인에 대해 이해하고 있어야 한다. 세계 평화와 안보를 추구하기 위해서는 분석 지역을 지구 표면에 맞추어 확장해야 한다.

특정 '지정학적' 지역은 고정적이고 영구적인 지형에 의해 정의되는 지리적 지역이 아니라, 한편으로는 지리에 의해 다른 한편으로는 힘의 중심들의 역동적인 변화에 의해 결정되는 지역이라는 것 또한 기억해야 한다. 이것은 세력투쟁이 특정 지역을 두드러져 보이게 하고, 다른 지역은 일시적인 망각으로 몰아넣으며, 고려 중인 특정 지역을 팽창 또는 수축으로 이끈다는 것을 의미한다. 다른 말로 하면, 순수 지리학과 확연히 구분되는 지정학 분석의 주요한 특징은 정적인 상황이 아니라 동적인 상황을 다룬다는 것이다. 정치계의 여건 변화는 임의의 시간에 특정 요인에 대한 중요성을 변화시킴으로써 결론에 영향을 미칠 것이다. 기술적 조건의 변화 또한 상황, 특히 힘을 행사하는 상황을 변화시킬 것이다. 왜냐하면 통신 속도와 산업 기술의 발전은 필연적으로 특정 국가의 힘의 지위에 변화를 일으킬 것이기 때문이다. 지리적 사실은 바뀌지 않지만, 외교정책의 의미는 변할 것이다. 모든 외교정책의 목표는 밀접하게 상호 관련되어 있으므로, 그 중 어느 하나도 다른 것들에 대한 언급 없이 분리해서는 완전하게 연구될 수 없다는 것을 기억해야 한다. 마찬가지로 정책의 형성에 영향을 주는 요인들도 지리와 같이 하나의 포괄적인 일반성으로 단순화되어서는 안 된다. 영향을 주는 요인들은 많다. 여기에는 영원한 것도 있고 일시적인 것도 있으며, 명백한 것도 있고 숨겨진 것도 있다. 지리뿐만 아니라 인구 밀도, 국가의 경제 구조, 민족 구성, 정부의 형태, 외무장관의 콤플렉스와 애완동물에 대한 편견, 국민이 가지고 있는 이상과 가치 등이 포함된다. 지정학자는 법률가, 경제학자 또는 사회학자가 자신의 지식을 사용하여 행동 지침을 작성하는 것과 같은 방식으로 지정학적 지식을 사용하여 정책을 명확히 해야 한다.

지정학과 안보

우리가 논의해온 분석법은 독일 '지정학^{Geopolitik}'파의 특징인 지리학적 형이상학과는 완전히 다른 것이다. 하우스호퍼는 특정 유형의 경계선에 신비하고 도덕적인 신성함을 부여했다. '공간'이라는 마법적 개념의 강박에 의해서든, 또는 다른 요건에 의해서든, 그 경계선까지 팽창하는 것은 신성한 목적과 조화를 이루는 행동이 되었다. 우리의 논의에서 그런 형이상학적 난센스는 존재하지 않는다. 특정 지형의 형태가 다른 형태보다 국가에 윤리적으로 더 우월하다고 할 수 없고, 국가는 살아 있는 유기체이며 따라서 팽창하고 성장하기 위해 무제한의 힘을 사용하는 것이 정당하다는 불가사의한 선^{善}도 존재하지 않는다. 지리적 위치와 물리적 힘은 국제 세계에서 고려해야 할 사실이며, 기술은 이러한 사실을 보다 효과적으로 이해할 수 있도록 해준다. 지정학자가 지정학을 일반화하고 정책에 적용하려 할 때마다, 선과 악의 기준이 틀림없이 그들을 제약할 것이다. 어쨌든 한 국가 및 세계 전체를 위한 평화와 안보라는 목표를 가지고 있다면 권력의 팽창과 강화를 목적으로 하는 것을 제외한 정책이 최종적으로 선택될 것이다. 일부 학자들이 지정학의 의미를 왜곡했다는 것이 지정학의 방법과 내용을 비난할 타당한 이유가 될 수는 없다. 사실 지정학은 현명한 외교정책을 결정하는 과정에 없어서는 안 되는 분석법과 자료들을 잘 나타내 주는 명칭이다. 우리는 과거에 이것을 무시해 왔고, 결과적으로 1917년과 1941년에 크나큰 안보 위험에 처하게 되면서 전쟁만이 유일한 해결책이 되고 말았다. 19세기 동안 우리는 외부 세계의 간섭으로부터 안전을 유지할 수 있었는데, 이것은 영국 해군력이 구세계의 세력투쟁으로부터 우리를 격리시키면서 지속적으로 보호해주었기 때문이다. 20세기가 시작된 이래로 그 방벽은 사실상 존재하지 않았지만, 방벽이 사라졌기 때문에 우리 자신의 안전에 대해 더 큰 책임을 져야 한다는 사실을 지금까지 인식하지 못해왔다. 이제 우리는 국력을 기반으로 안보를 유지하는 방법을 알아야 한다. 그렇게 할 때만 전쟁에 대한 끊임없는 의존이 불필요한 세계를 만들 수 있다. 강대국들의 기본적인 세력 관계를 적절하게 고려한다면, 침략 행위를 효과적으로 무력화할 방법을 알아낼 수 있을 것이다. 이러한 과제를 수행할 때 지정학은 중요하고 근본적인 역할을 한다.

II
세계와 지도

외교정책 중 안보 문제를 검토하는 데 사용하는 분석 방법은 '정책을 좌우하는 주요 요인 중 하나는 지리'라는 개념에 토대를 두고 있다. 따라서 우리가 사용해야 하는 도구 중의 하나가 지도인 것은 당연한 일이다. 세계의 물리적 구조물은 명확해야 하고, 관련된 자료는 가장 쉽게 사용할 수 있는 형태로 되어 있어야 한다. 마치 전투를 준비하는 군대의 지휘관이 적군과 아군을 비교하고 형세를 파악하기 위해 전장의 지형에 대한 정확하고 완벽한 지도를 가지고 있어야 하는 것처럼 다른 국가를 상대하는 정책을 기획하는 정치가는 정책이 집행될 세계를 담은 지도를 가지고 있어야 한다. 물론 군 지휘관과 정치가 모두에게 이상적인 상황은 현장에 가서 직접 보고 정확하게 얻은 전장이나 다른 국가의 지형에 대한 직접적이고 근본적인 지식을 갖고 있는 것일 것이다. 그러나 대개는 그렇게 하는 것이 불가능하기 때문에 군 지휘관이든 정치가든 지도와 지구본에 의존해야 하는데, 지도와 지구본은 지리학이 세계의 지표에 관한 사실을 기록하기 위해 개발해온 수단이다.

지리적 관계를 연구하는 데 이상적인 도구는 지구본이다. 우리는 지구의 모양을 거의 완벽에 가깝게 재현한 3차원의 형태에서 세계의 모습을 본다. 지구본을 보면서 우리는 거리를 가늠할 수 있고, 지역과 형상을 논의할 수 있으며, 왜곡을 고려해서 교정하여 판독할 필요 없이 대륙 간의 관계를 시각화할 수 있다. 지구본은 수업 중에, 그리고 연구 중에는 더할 나위가 없이 훌륭한 도구이다. 그러나 지구본은 책과 원고에 사용하기에는 부적합하고 다루기 어려운 도구이면서, 한 번에 세계의 절반만을 보여준다는 또 다른 결점을 갖고 있다. 따라서 지도 제작자는 지구를 2차원의 지도로 만들어 제공하고자 했고, 우리는 그러한 지도를 이용해 지구의 특성을 쉽게 연구하고 그 내용을 세세하게 관측할 수 있게 되었다. 지도 제작자는 지구의 영역을 경도와 위도로 나눈 것으로 가정해서 나온 경선과 위선을 평면 위에 투사함으로써, 비록 정확도의 차이는 존재하지만, 대륙과 해양의 외양을 흡사한 모양으로 옮겨 놓는다.

지도 제작과 문제점[1]

지구를 하나의 구체球體라고 간주한다면, 실상 지구의 어떤 지점이라도 지구상의 다른 지점과 동일한 위치를 갖게 된다. 즉, 방향과 위치를 표시할 수 있는 명확한 준거 체계를 세우지 않는다면 한 지점을 다른 지점과 구분

[1] 이 장에서의 지도제작 자료는 어윈 레이스Erwin Raisz의 《지도제작 개론General Cartography》 (New York: McGraw-Hill Book Company, 1938)과 찰스 H. 디츠Charles H. Deetz와 오스카 S. 애덤스Oscar S. Adams의 《지도 투영법의 요소들Elements of Map Projection》 (Washington: United States Government Printing Office, 1938)에 기반하고 있다.

하는 것이 불가능할 것이다. 준거 체계는 그리스인들이 고안한 경선과 위선으로 만들어졌는데, 그들은 일찍이 지구가 구형이라는 점과 고정되어 있는 극과 적도의 위치를 인지하고 있었다. 그리스인들은 이처럼 확실하게 결정된 준거점들을 토대로 오늘날까지 여전히 사용되는 기준선망^{基準線網, grid}을 만들어냈다.

그러한 기준선망의 좌표 체계는 3차원의 입방체 위에서만 정확한 비율로 구현될 수 있다. 구형인 지구를 평면으로 옮기기 위해서는 본래 갖고 있던 거리, 방향, 모양, 그리고 면적 등을 늘이거나 줄여야 한다. 수리지리학자들의 임무는 결코 피해갈 수 없는 이러한 오차와 왜곡의 문제를 최소화할 수 있는 절충안을 고안하는 것이다. 그들은 고도의 기술적 과정으로 다양한 지도 투영법들을 만들어냈다. 가장 단순한 지도를 그리는 데에도 여러 가지 복합적인 수학 공식을 정확하게 사용해야 한다. 그 공식들은 거리, 방향, 모양, 혹은 면적과 같은 특정 유형의 왜곡을 제거하기 위해, 혹은 오차를 골고루 분산하여 균등하게 만들기 위해 고안된 것들이다. 전문적인 지도 제작자가 아닌 사람이 다양한 투영법의 정확한 도출 방법을 알고 있을 필요는 없지만, 국제 관계의 형성과 실행을 지리적 조건의 측면에서 생각하고자 하는 사람은 당연히 그가 사용하는 도구들에 대한 일반적인 이해를 가져야 할 것이다.

지정학적 요인들을 분석하면서 효과적으로 지도를 사용하기 위해서는 어떤 평면지도이든 척도와 비례에 있어 불가피한 오차가 있음을 인지해야 한다. 세계의 작은 지역만을 고려했을 때에는 왜곡이 작아서 지도로부터 도출해낸 결론이 별문제가 되지 않는다. 그러나 다루려는 지역이 지구 전체일 때에는 사용되는 투영법에 따라 넓은 면적 사이의 관계와 조건의 영향이 상당히 달라질 것이다.

어떤 세계 지도에서 여러 대륙의 지역들은 실제로 지구상에 존재하는 것과 상당히 다르고, 그래서 이 지도들은 식물, 광물, 혹은 인구수와 같은 자연 항목의 분포를 정확하게 나타내는 데 사용될 수 없을 것이다. 어떤 투영법들은 지역들을 정확하게 재현하지만, 지도의 다른 부분에 적용할 수 있는 거리 척도가 매우 다양하다. 즉, 투영되는 중심 근처에서는 유효했던 인치와 마일의 관계가 주변부 지역에서는 적용되지 않고, 거리를 정확하게 비교하는 것이 불가능한 것이다. 그래서 사회의 작동 조건을 분석하는 과정에서 지도를 도구로 사용하는 지리학자, 정치학자, 혹은 지정학자 등은 그가 채택한 준거틀을 명확히 하고 특정 지도 유형을 선택한 근거를 분명히 해야 한다.

지정학 연구는 특정 지역에서의 사건들이 멀리 떨어진 지역의 세력 관계에 영향을 미치는 오늘날의 국가들을 다루기 때문에, 분석의 단위가 지구 전체이어야 한다. 현대 국가들은 전 지구적 규모로 전쟁과 평화에 대한 전략적, 정치적 사고를 해야만 그 지위를 보전할 수 있다. 따라서 모든 정통한 지정학적 분석의 기초는 대상 국가가 지구상에 자리하고 있는 위치를 정확하게 보여주는 세계 지도이다. 다른 지역들은 세계지도를 통해 자신들의 지리적 위치로부터 대상 국가와 관련한 정치적, 전략적 중요성을 도출할 것이다. 오늘날 가장 일반적으로 사용되는 지도 투영법들을 개관해 보면 본 연구에서 사용되는 세계 지도가 어떤 기준으로 선택되었는지를 이해하는데 도움이 될 것이다.

투영법의 종류

편의상 기준선망은 세 가지의 범주로 분류할 수 있는데, 그것은 이론상 세계를 원뿔^{cone}, 평면^{plane}, 원통^{cylinder}의 표면 위에 투영시키는 방식에 따른 것이다. 모든 투영법이 이러한 분류에 들어맞는 것은 아니고, 실제로도 대부분의 투영법은 이처럼 단순한 방식으로 개발되지 않는다. 그러나 이와 같은 기하학적 모양을 사용하면 일반적으로 사용되는 다양한 기준선망의 구성을 보다 쉽게 이해할 수 있다.

a. 원뿔도법 Conic Projections

원뿔이 지구 둘레를 감싸면서 접촉 위선이라고 불리는 하나의 평행선을 따라 면에 접하면 지구의 경선과 위선이 원뿔 위로 투영되고, 그 투영된 것이 평면의 지도에 나타난다고 간주할 수 있다.(지도 1) 위선은 동심원으로 제시될 것이고, 경선은 중심점인 극으로부터 퍼져나갈 것이다. 그러한 지도의 척도는 접촉 위선에서는 정확하겠지만, 그 접촉 위선으로부터 멀어질수록 점점 더 부정확할 것이다. 실제로 기준 위선의 남쪽과 북쪽으로 왜곡이 너무 커서 이 투영법으로 전 세계를 그려내는 것은 불가능하다.

이러한 기준선망의 구성에서 수리적으로 변화를 주면 두 개의 접촉 위선을 사용할 수 있는데, 이 경우 두 개 지역의 정확성을 확보할 수 있다. 또한 위선 상의 공간을 변경해서 특

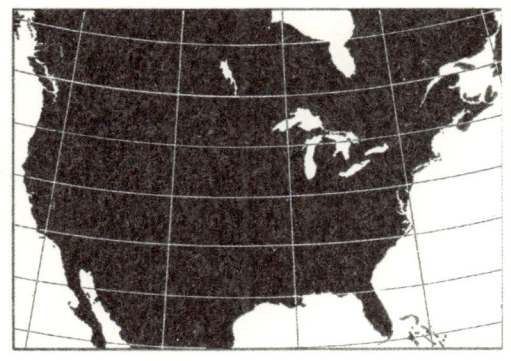

[지도 1] 원뿔도법(Conic Projection)

정 지역이 지도 전체의 영역과 동일한 비례 관계를 유지하도록 할 수도 있다. 이러한 등적^{等積} 묘사는 다른 국가들의 생산물 분포를 정확하게 표시해야 할 때 사용되는 투영법들이 갖는 중요한 특성이다. 원뿔 도법에 변화를

줘서 동심원의 위선을 일정한 간격으로 배치하면, 지도상의 작은 사각형 격자들을 지구상의 상응하는 부문과 같은 비율로 만들 수 있다. 작은 지역의 모양이 정확하다는 것을 의미하는 이러한 등각^{等角}의 성질은 다른 투영법들의 속성이기도 한데, 그러한 속성의 투영법들은 항해자들과 기술자들에게 매우 유용하다. 다양한 종류의 특별한 등적, 등각 지도들이 개발되어 왔고, 지도제작법 과목에서 자세히 설명될 것이다. 이 짧은 요약에서는 그저 이들의 존재를 언급하는 것으로 그치고자 한다.

그럼에도 분명히 해야 할 것은 원뿔도법 중 어느 것도 세계 지도에 사용하기에는 적합하지 않다는 것이다. 원뿔도법은 개개 국가의 지도를 만드는 데는 우수하지만, 그 투영법 중 어느 것도 지구의 전체 면을 나타내는 지도에 사용할 수 없고 따라서 지정학 연구에 직접적으로는 거의 사용할 수 없다.

b. 방위도법^{方位圖法}, Azimuthal Projections

최근 세계 지리, 특히 '항공 지도'가 중요해지면서 대중들이 특정 투영법에 관심을 두고 있다. 그 투영법은 '방위^{方位}, azimuthal' 혹은 '천정^{天頂}, zenithal' 도법으로 알려져 있는데, 시선의 출발점을 지구 안이나 지구 밖의 특정 지점에 두고 바라본 지구를 평면 위에 투영해 개발한 것이다. 오늘날 그 투영법이 대중성을 갖게 된 주된 이유는 투영법의 중심을 통과하는 모든 큰 원들을 지도 위에 직선으로 나타내는 속성 때문이다. 투영법의 중심으로부터 균등한 거리에 있는 지구상의 모든 지점은 지도 위에서 균등한 거리에 위치한 것으로 나타난다.

항공로는 종종 지구상의 대권항로^{大圈航路}를 따라갈 수 있고 대체로 두 지점 간의 최단거리와 관련이 있기 때문에, 이러한 지도들의 가치는 분명하다. 그러나 국제정치의 실제 요소들을 고려할 때 이 지도들의 한계는 매우 크다. 항공로의 거리는 전시든 평시든 유일한 곁정적 요인이 아니다. 여전히 특정 국가의 안녕과 세력에서 중요한 관심사인 국가의 위치는 육상과 해상 교통을 통해 다른 국가들과 관계를 규정한다. 또한 이 투영법들을 적용해 만들 수 있는 어느 정도 정확한 지도는 반구보다 작은 지역의 지도에 국한한다는 점에도 주목해야 한다. 실제로 심사도법心射圖法, Gnomonic Projection, 정사도법正射圖法, Orthographic Projection, 평사도법平射圖法, Stereographic Projection 등의 세 가지 투영법은 결코 완전한 구체球體를 보여 줄 수 없다. 따라서 한 번에 모든 대륙의 모습을 정확하게 보여 주지 못한다. 이는 '지구 정치' 시대에 분명한 단점이다.

이론상, 방위도법에서 경선과 위선망은 지구 안이나 밖의 특정 지점에서 바라본 지구를 평면 위에 투사해 개발했다. 소위 심사도법(지도 2)은 시선의 출발점이 지구의 중심에

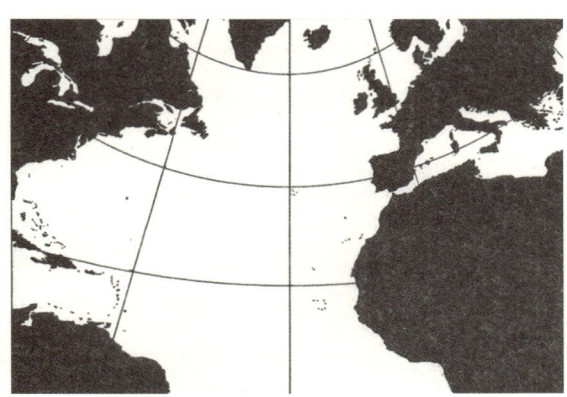

[지도 2] 심사도법(Gnomonic Projection)

있다고 가정하기 때문에, 지도상의 선택된 중심점에 지구를 접촉했다고 간주한 평면 위에서 모든 대권항로들은 직선으로 그려진다. 여기에서 두 지점 사이에 그려진 직선은 하나의 대권항로를 보여 주고, 이것이 두 지점 사이의 최단 경로이다. 따라서 기준선망은 항공로 연구에는 큰 도움이 될 수 있지만, 그 지도를 일반적인 지정학 분석에 사용하기에는 한계가 있다. 왜냐하면 지도의 경계 부분에서 큰 왜곡이 있고, 반구보다 작은 지역에 한해서

[지도 3] 정사도법(Orthographic Projection)   [지도 4] 등거리 방위도법(Azimuthal Equidistant Projection)

만 사용할 수 있기 때문이다.

　모든 투영법 가운데 가장 시각적인 것은 정사도법(지도 3)인데, 이 도법은 전체 반구를 볼 수 있을 만큼 멀리 떨어진 위치에서 바라본 지구의 모습을 제시한다. 중심이 극이나 적도 위의 점일 때를 제외하고 위선과 경선은 타원형이다. 중심이 극일 때에는 경선이, 적도 위의 점일 때에는 위선이 직선으로 나타난다. 이 도법은 등적이나 등각이 아니고, 주변부에서의 왜곡도 크다. 이러한 척도의 차이 때문에 이 기준선망은 매우 정밀함을 요구하는 연구에는 사용할 수 없다. 이 투영법의 주요 가치는 지구의 한쪽 반구의 일반적인 인상을 보여준다는 것이다.

　평사도법은 외관이 정사도법과 매우 비슷하고, 반구를 묘사하는 데 있어 정사도법과 같은 한계를 갖고 있다. 이 투영법은 눈을 지구상의 한 지점에 두고 그 지점에서 투영도의 중심이 있는 반대편을 직접 바라본다고 가정해서 개발되었다. 따라서 위선과 경선이 정사도법에서처럼 멀리 떨어져 있지 않고 중심 근처에 보다 가깝다. 투영은 등각으로 이루어지지만 중심과 외곽 간의 척도 차이는 매우 크다.

방위 기준선망 가운데 무선 및 항공 통신에 가장 유용한 것은 등거리 방위도법(지도 4)인데, 중심에서부터 지구의 어느 지점까지든 정확한 거리와 올바른 방향이 제시될 수 있고, 지구 전체를 지도에 나타낼 수 있을 만큼 확장될 수 있기 때문이다. 등거리 방위도법은 세계의 특정 지점을 지도의 중심으로 그릴 수 있고 모든 주요 도시들을 중심으로 지도를 만들 수 있어서, 그 모든 도시로부터의 항로 거리를 정확하게 측정할 수 있다. 가장 큰 결함은 반구선을 넘어서면 모양과 면적의 왜곡이 매우 크다는 것이다.

c. 위선이 수평선인 세계 지도

　고려할 수 있는 마지막 그룹은 대체로 직선의 위선이 평행으로 그려지고, 동서 관계가 정확하게 드러나는 기준선망을 갖고 있다. 고위도 지역에서 일정 정도의 왜곡을 보이기는 하지만, 이 기준선망은 단순하고 도식화된 지도에 적용할 수 있다. 이것은 세계 규모로 쉽게 그려질 수 있고 따라서 세계 분석에 매우 도움이 될 수 있다.

　이 중 두 가지 유형, 즉 시뉴소이드 도법$^{Sinusoidal\ Projection}$(지도 5)과 몰바이데 호몰로그래프 도법$^{Mollweide\ Homolographic\ projection}$(지도 6)은 특정 유형의 세계 분포 문제를 다루는 데 유용한 등적도법이다. 그러나 그 도법들은 북위뿐만 아니라 동서 끝의 주변부 지역에서 왜곡이 나타난다. 그 투영법들을 지구 전체를 분

[지도 5] 시뉴소이드 도법

[지도 6] 몰바이데 호몰로그래프 도법

석하는 데에 적용하지 못하는 확실한 이유는 곡선의 경선을 사용함으로 인해 확장성이 없기 때문이다. 이는 지도를 동쪽이나 서쪽으로 확장할 수 없기 때문에, 두 개의 반구를 한 번 이상 표시할 수 없다는 것을 의미한다. 지구상의 커다란 대륙간의 상호 관계에 관한 명확한 모습을 얻기 위해서는 이따금 지도를 어느 한쪽이나 양쪽의 수평 방향으로 계속 확장할 수 있는 것이 좋다.

동일한 지도 위에 세계를 여러 번 나타낼 수 있는 유일한 투영법이 원통형 도법이다. 원통형 도법들은 지구를 원통으로 감싸서 투영한 후 그것을 평면 위에 펼쳐놓은 것이라고 할 수 있다. 경선이 적도 위에 균등하게 배치된 수직선이고 위선은 수평선이기 때문에, 대륙들은 동쪽으로나 서쪽으로 무한정 반복될 수 있다.

이러한 유형의 가장 친숙한 사례는 경선과 위선에 따른 척도가 지구상

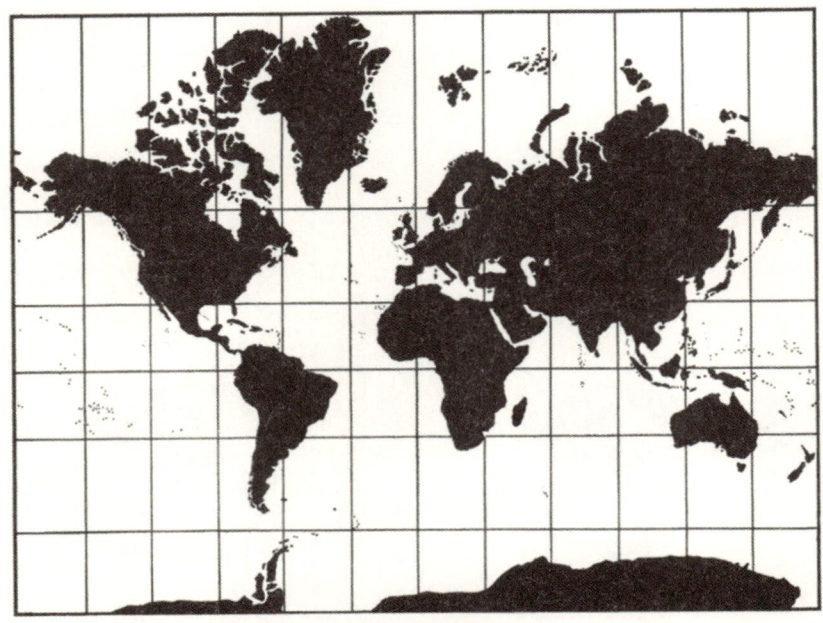

[지도 7] 메르카토르 도법

의 작은 영역에서도 동일하게 배치된 메르카토르 도법$^{\text{Mercator Projection}}$이다(지도 7). 이렇게 하면 모든 방향이 직선으로 표시되는 등각 투영이 된다. 북극과 남극 방향으로 척도의 차이 때문에 북위와 남위의 넓은 지역의 모양이 왜곡된다. 이러한 단점은 메르카토르 기준선망에 변화를 주어서 일정정도 극복할 수 있다. 골$^{\text{James Gall}}$의 평사도법(지도 8)은 원통이 북위 45도와 남위

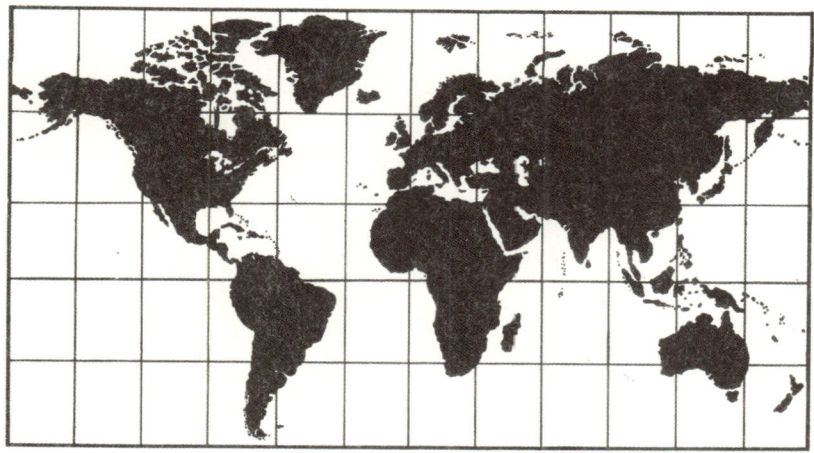

[지도 8] 골의 평사도법

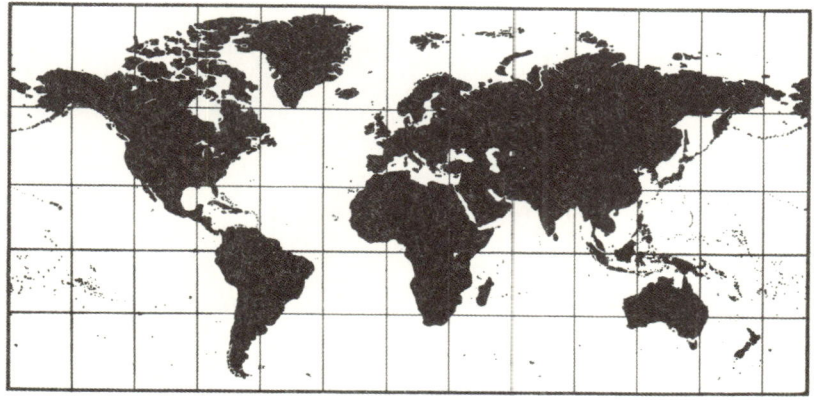

[지도 9] 밀러 도법

Ⅱ 세계와 지도 43

45도의 위선에서 지구를 자른다고 가정한다. 이 두 개의 위선만 크기를 조정할 수 있기 때문에 적도 지역은 축소되고 극 지역은 과장되지만 극좌표의 왜곡은 메르카토르 도법에서처럼 크지는 않다. 미국 지리학회의 밀러[O. M. Miller]가 개발한 가장 최근의 수정본(지도 9)은 북쪽과 남쪽 45도 위선 사이는 메르카토르 투영법과 동일하고 고위도에서는 왜곡을 줄이고 있다.

선택된 세계 지도

지구적 규모에서 세계 국가들의 정치 관계를 보여 주기 위해 전통적으로 사용되어온 지도는 통상 메르카토르 도법에 의한 원통형 지도로서, 남북으로 0도축, 즉 그리니치 경도를 중심으로 하고 있다(지도 10). 이 투영법에 의한 지도는 유럽을 둘러싼 세계의 다른 국가군들의 중심에 유럽을 위치시킨다. 유럽이 전 세계에 대한 통제권을 확대하고 있던 해양력 시대에 유럽을 지도의 중앙에 위치시키는 것은 매우 타당했다. 유럽이 정치적 지배력을 전 세계로 확산해가고 있었고, 유럽에서 힘의 균형이나 불균형을 결정짓는 조건이 유럽 이외 지역 국가들의 지위를 결정했다.

세계의 거대한 단위 지역의 이름을 짓는 것도 유럽 중심의 시각을 따랐다. 방향의 관점에서 명명된 서반구, 근동, 극동 등은 유럽을 중심에 둔 지도를 준거틀로 생각해야만 타당하다. 메르카토르 도법의 왜곡을 수정하는 데 다른 투영법들이 사용되더라도, 선택된 중심 경선은 거의 언제나 그리니치 근방이었다.

세계 권력의 중심이 유럽에 있고 세계 지배권을 위해 투쟁하고 있는 주요 국가들이 유럽 국가들이었던 데에 반해 나머지 세계는 식민지 또는 준식민지 세계로 표현되던 시기에 이와 같은 유럽 중심의 지도는 매우 훌륭

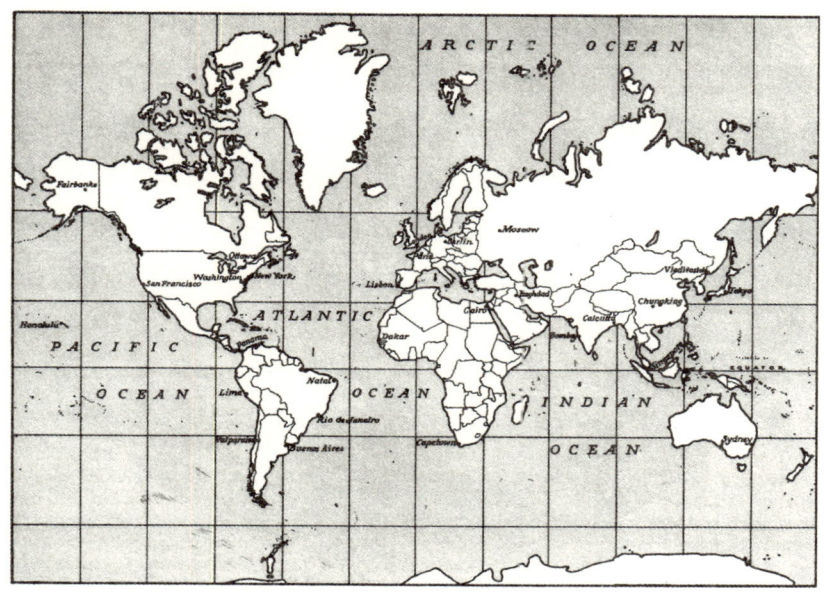

[지도 10] 전통적인 유럽 중심의 메르카토르 지도

한 것이었다. 그러나 20세기의 시작과 함께 독립적인 힘의 근원들이 등장하여 국제 정치의 유일한 결정자였던 유럽의 지위에 도전했다. 서반구와 극동 지역의 강력한 국가들이 점점 유럽의 지배로부터 독립하면서 자신들의 관점에서 세계를 바라보기 시작했다.

그와 같은 급격한 세계의 세력 분포 변화는 국제 관계를 보다 정확하게 설명해 줄 수 있는 세계 지도를 도입해야 한다는 타당한 근거를 제공했다. 미국을 중앙에 위치시킨 원통형 지도는 오늘날 유럽과 극동 지역에 관한 미국의 입장을 보다 분명하게 보여줄 것이다. 미국은 지금 철도와 파나마 운하로 연결된 대륙국가이고, 그렇기에 미국의 해안은 대서양과 태평양을 가로질러 유라시아 대륙의 양쪽으로 쉽게 접근할 수 있다.

그러나 현재의 전쟁은 새로운 요소인 항공기를 사용하고 있다. 항공기는 강대국들과 그들의 힘의 행사 간의 관계를 완전히 변화시켰고, 그래서 어떤 원통형 지도도 오늘날의 세계를 적절히 묘사할 수 없다. 이제는 우리의 대서양 및 태평양 전선이 구세계와의 가장 중요한 접촉선이 아니라고 본다. 우리의 전평시 전략에서 아직 다른 전선의 중요성을 축소하지는 않았다 하더라도 곧 모든 다른 전선의 중요성을 감소시킬, 항공기가 지배할 제3의 전선이 북쪽에 있다. 항공력의 측면에서 북쪽 전선이 유라시아의 힘의 중심으로 접근하는 최단거리에 위치해 있기 때문에, 논의를 진행하자면, 전쟁 전략에 사용할 정확한 지도는 불가피하게 북쪽 전선을 집중적으로 다루어야 한다.

이러한 용도로 사용될 수 있는 가장 적합한 지도는 방위등거극도법^{方位等} ^{距極圖法}, Polar Azimuthal Equidistant Projection이다(지도 11). 이 지도는 북극까지의 거리, 방향 및 관계를 강조하고 정확하게 보여 줄뿐만 아니라 북극으로부터 적도의 20도 이내까지의 북반구 육지를 다른 어떤 지도보다 정확하게 보여준다. 이 지역은 경제적으로나 정치적으로 가장 중요하기 때문에, 가장 덜 중요한 영토로 구성된 남반구에 만들어지는 불가피한 왜곡은 무시할 수 있다. 또한 이 방위등거극도법은 북극해 주변 육지들 사이의 연속성을 보여주는 데 반해, 전통적인 원통형 투영법은 해양의 불연속성을 강조하고 서반구를 주변부에 위치시켜서 서반구의 중요성과 유라시아와의 완전한 관계를 나타내지 못한다. 또한 이 지도는 세계의 전체적인 속성을 강조하고 시각화한다. 소위 '새로운 지리'를 도모하는 사람들은 메르카토르 도법의 결함[2]이 너무 크기 때문에, 세계 전쟁에 대처해야 한다면 그 도법을 완전히 폐기해야한다

---

2   메르카토르 도법을 따르면 극지방으로 갈수록 면적이 더욱 커지는 결함이 있다. 실제로는 아프리카가 그린란드보다 14배 정도 더 크지만, 메르카토르 도법을 따른 지도에서는 그린란드가 아프리카 대륙과 거의 같은 크기로 제시된다. **역주**

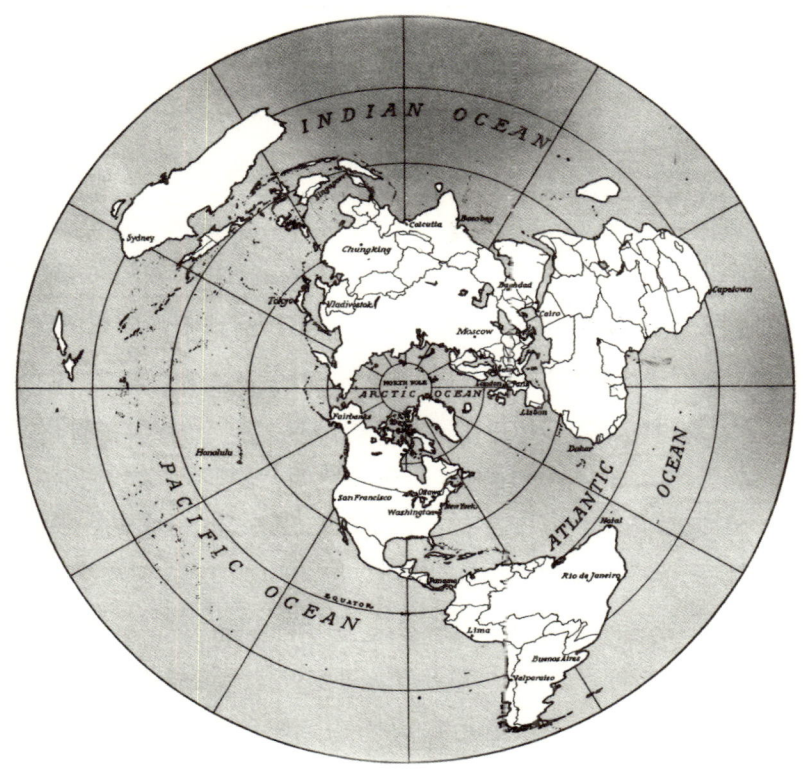

[지도 11] 방위등거극도(方位等距極圖, Polar-Centered Azimuthal Equidistant Map)

고 주장한다. 오늘날의 세계에서 북반구는 매우 중요하기 때문에 이 지도에서 나타나는 왜곡은 반드시 해결되어야 한다.

공군력의 중요성은 부정할 수 없는 것이고 의문의 여지도 없이 확실하다. 그럼에도 불구하고 그 중요성의 실제적 의미를 지리라는 측면에서 주의 깊게 살펴보아야 하는데, 모든 힘의 행사에서 지리가 상황을 조정하기 때문이다. 구세계와 신세계를 연결하며 해양 전선을 이루는 대서양, 태평양 및

Ⅱ 세계와 지도 47

극지방의 지정학적 의미는 항상 달라져 왔고, 앞으로도 계속 그럴 것이다. 300여 년 동안 대서양은 유럽과 미국 대륙을 연결하는 거대한 고속도로였고, 거의 동일한 기간 동안 태평양은 극동으로 가는 넓은 도로를 제공했다. 반면에 북극해는 주로 두 반구 사이의 소통을 막는 장벽으로 기능했다. 북서 항로는 극지방의 탐험과 인내라는 영웅적인 행동을 고무시켰지만, 최근까지도 기후와 기술의 한계로 인해 인간이 가장 개척하기 힘든 지역의 하나이다. 남극 대륙과 사하라 사막 다음으로 북극해 해안은 여전히 지구상에서 가장 광대한 불모지로 남아 있다.

항공기는 인간에게 북쪽의 거친 자연에 맞서 싸울 새로운 공격 수단이 되었고, 인간은 북미와 유라시아 대륙을 연결하는 장거리 노선의 비행기로 북쪽 지역을 가로지를 수 있음을 알고 있다. 그러나 가까운 장래에 이들 세 개의 해상 지역의 상대적 중요성이 크게 달라지지는 않을 것이다. 1940년 100일의 항해 시즌 동안 100척의 화물선과 13척의 쇄빙선이 북극해의 차가운 수로를 통해 최대 16만 톤의 물품을 실어 날랐다. 이 선박들과 이따금 극지방을 가로질러 중요 승객과 소량의 귀중한 화물을 운반하는 항공기들이 오랫동안 대서양과 태평양의 물과 하늘을 이어왔던 수천 척의 선박과 수백 대의 항공기를 대신하지는 못할 것이다. 지극히 평범한 무역 연도였던 1937년에 대서양 항만으로 10,461,136톤의 수입이 이뤄졌고 20,456,934톤의 물자가 수출되었으며, 태평양 항구로는 4,075,080톤의 수입이 있었고 11,746,962톤의 수출이 이뤄졌다. 북극의 항공로가 대서양과 태평양의 해상 상거래와 동등한 조건으로 경쟁할 수 있게 되기까지는 많은 시간이 걸릴 것이다.

북반구에 있는 수많은 도시를 잇는 최단거리는 커다란 원을 따라 북극을 가로지르는 것이다. 또한 성층권에 근접해 비행한다면 북극의 기후 조건이 세계의 다른 지역의 성층권을 비행할 때보다 훨씬 더 열악한 것은 아니다. 그럼에도 불구하고 기후라는 요인은 대규모의 장거리 항공 운송로를 구축하는 데 필요한 육상 및 해상의 보조 경로 개발을 막는 강력한 장애물로 남아 있다. 육상 및 해양의 보조 경로를 개발할 수 있다면, 극지방이 아니라 그 근처의 바다에 항공로를 둘 것이다. 북극해를 가로지르는 교통량이 전쟁 시기나 평화 시기를 가리지 않고 대양들을 계속해서 오가는 교통량보다 많을 것이라고 기대하는 것은 상상할 수 없는 일이다. 이러한 사정으로 인해, 해양 전선의 가장 중요하지 않은 부분을 강조하고 지구상 가장 큰 무인도 지역에 관심을 집중하는 지도를 통해 미국이 세계에서 차지하는 위치를 살펴보는 것은 어떠한 이점도 주지 않는다.

비록 일부 저자들이 새로운 발견에 너무나 기뻐한 나머지 자신들의 극지방 평면지도가 다른 평면지도보다 지구를 다소 더 둥글게 묘사한 것처럼 이야기하면서 북극 지도를 보라고 요구하지만, 그것은 단지 세계가 북쪽으로도 둥글다는 것을 상기시키는 유용한 방법일 뿐이었다. 극지방 평면지도들은 군사전문가들에게 새롭고 과감한 전략적 가능성을 검토하도록 영감을 주는 데에는 유용할 수 있다. 그러나 극지방 투영이 전면전 상황에서 미국의 문제를 이해하는 데에 극히 제한적인 도움만 줄 것이라는 사실에는 변함이 없다. 세계에서 북아메리카의 위치에 관한 중요한 사실은 북 캐나다와 러시아 시베리아의 얼어붙은 황무지가 지중해^{地中海}[3] 연안이라는 것도 아니고, 캐나다의 맥켄지강과 러시아의 레나강이 같은 빙해로 흘러 들어간다는 것도 아니다. 그것은 미 대륙이 구세계인 유럽과 아시아의 힘의 중심지 사이에 위치해 있고, 유럽과 아시아로부터 대양의 거리만큼 떨어져 있다는 사실이다.

---

[3] 여기에서 지중해는 고유명사가 아니라 대륙과 대륙 사이에 끼어 있는 바다를 뜻하는 일반명사로 사용되었다. 역주

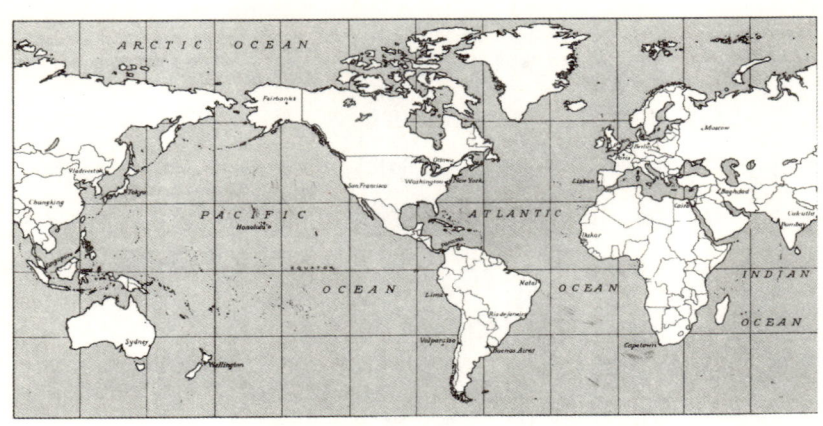

[지도 12] 서반구 중심의 밀러 도법

 지구가 둥글고, 메르카토르 지도상 두 지점 사이의 최단거리가 직선이 아니라 원호란 점은 명심해야 할 사실이지만, 더욱 중요한 것은 대서양과 태평양의 중위도 지역이 세력과 이동의 중심이라는 사실을 기억하는 것이다. 그래서 세계 힘의 관계에 대한 지정학적 분석에는 메르카토르 유형의 원통형 도법이 적절할 것이다. 최근에 개발된 밀러 도법(지도 12)은 적도의 45도 이내까지 메르카토르의 정확성을 유지하면서, 고위도에서의 왜곡을 줄이고 있어서 이러한 특정 목적에 가장 편리하게 이용된다. 이 도법은 캐나다, 그린란드, 아이슬란드, 알래스카와 같은 북부 지역에 있어서 위치가 갖는 중요성을 표현하는 데 목적을 두는 것이 아니라면 전쟁과 평화 모든 시기에 사용될 수 있을 것이다. 구세계와 신세계를 이어주고, 그 지역들을 통과하는 중요한 경로들은 어려움 없이 식별될 수 있다.
 따라서 이 연구에서 사용하고 있는 기본 지도는 밀러 도법으로 그려진 원통형 지도이다. 이것을 통해 우리는 미국의 지정학적 위치가 설명하고 있는 사실들을 입체적으로 검토할 수 있다.

III

서반구의 위치

서반구를 중심에 두는 원통도법 지도는 세계의 다른 지역에 의해 포위되어 있는 미국의 위치를 한 눈에 잘 보여 주고 있다. 신세계가 지리적으로 구세계의 대륙에 포위되어 있다는 이런 인상은, 등거리 방위도법으로 그려진 일련의 지도들을 통해 훨씬 더 생생하게 나타낼 수 있다. 우선 세인트루이스를 중심으로 한 지도(지도 13)와 북극 중심의 지도(지도 14), 그리고 파나마 근처의 한 지점을 중심으로 한 지도(지도 15)를 살펴보면, 유라시아 대륙과 아프리카 및 오스트레일리아 대륙은 북극, 대서양 및 태평양 건너에서 남북 아메리카 대륙을 부채처럼 펼쳐서 둘러싸고 있다. 지도가 각각 서반구의 다른 지점을 중심으로 작성되면 대륙들의 관계에서 강조하는 부분도 달라지는데, 그 이유는 지도의 중심지가 필연적으로 보는 사람의 눈에 가장 중요한 부분으로 보이기 때문이다. 그럼에도 불구하고 지리적으로 포위되어 있다는 사실은 명확해 보인다.

  이처럼 다양한 세계 방위지도에 대해 더 면밀하게 연구를 하다보면, 투영의 중심에 어떤 나라를 위치시키든 그 나라는 지리적으로 포위되어 있는 것처럼 보인다는 것을 알게 될 것이다. 도쿄(지도 16), 베를린(지도 17), 런던(지도 18), 모스크바(지도 19)를 중심으로 한 지도를 보자면, 일본인, 독일인, 영국인, 혹은 러시아인들은 모두 위협적인 대륙들로 둘러싸여 있다.

지구상의 모든 지점은 다른 지점들로 둘러싸여 있다. 따라서 만약 그러한 포위라는 개념이 국제 관계 연구에서 타당성을 가지려면, 지도는 단순한 대륙 이상의 것으로 구성되어야 한다. 국가의 전략적, 정치적 위치를 명확히 하고 충분한 내용을 제공하기 위해 다른 요소들이 사용되어야 할 것이다.

이 개념은 아마도 일상적인 정치 또는 경제생활에서 보다는 전장에서 더 자주 사용될 것이다. 적을 파괴하려는 목적의 군사 작전을 전개할 때 일반적으로 상대편 그룹의 한 부분이나 전체를 차단하고 포위하려고 시도한다. 한 군대가 우세한 적의 군대에 완전히 포위되었다면 패배는 사실상 불가피하다. 1939년 폴란드 전투와 1940년 프랑스 전투는 이 원칙의 가장 철저한 사례를 보여 주었고, 튀니지에서의 연합작전은 우리 장군들도 동등한 재능과 생각을 가지고 포위 작전을 수행할 수 있다는 것을 보여 주었다. 전쟁터의 상황과 국제 사회의 상황이 비

등거리 방위도법
(Azimuthal Equidistant Projection)

[지도 13] 세인트 루이스 중심 지도

[지도 14] 북극 중심 지도

[지도 15] 파나마 운하 근해 중심 지도

등거리 방위도법
(Azimuthal Equidistant Projection)

[지도 16] 도쿄 중심 지도

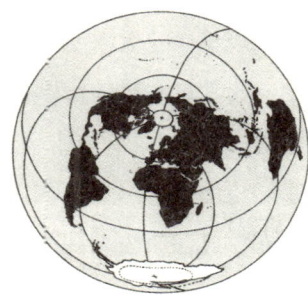

[지도 17] 베를린 중심 지도

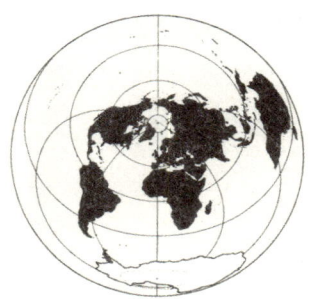

[지도 18] 런던 중심 지도

[지도 19] 모스크바 중심 지도

숫한 것은 둘 다 세력투쟁이 진행되고 있기 대문이다. 그러나 장군은 군대의 움직임을 보다 직접적으로 통제할 수 있기 때문에 아마도 세력투쟁의 수행과 군대의 배치에 있어서 훨씬 큰 자유재량을 가졌다고 할 수 있다. 만약 장비와 조직이 우수하다면, 그는 가장 효과적으로 적군을 요격하고 포위할 수 있는 곳에 병력과 군비를 배치할 수 있을 것이다. 그의 활동에 대한 단 하나의 실질적인 제한은 전장의 지형과 적의 병력일 것이다.

반면에 정치가는 국가의 모든 사안에 대해 국민 개인의 정신적, 육체적 이익과 욕구를 고려해야 한다. 국가의 영토와 자원 그리고 설비는 자연과 역사적 사건에 의해 제한되는데, 그 기본적인 성격은 고정되어 있다. 국민들의 바람과 요구는 오랜 기간에 걸쳐 변화를 겪을 수 있고 압력에 의해서 어떤 특이한 상황에 적응할 수도 있지만, 영토와 천연 자원의 물리적 특징은 대체로 영구적이다. 예외적인 기술 발전의 시기에만 국가의 물질적 조건이 빠르게 변할 수 있다. 그러므로 국가의 정책을 결정해야 하는 정치인은 명확하게 정의된 자연의 요소들을 먼저 다루어야 한다. 만약 그의 나라가 강대국과 이웃하고 있고 삼면이 바다로 둘러싸여 있다면, 외교정책은 의심할 여지 없이 그러한 지리적 상황과 관련이 있을 것이다. 그는 해양 진출을 통해 힘을 얻고 정치적 동맹을 통해 이웃 국가의 힘을 최소화함으로써 위치로 인한 위험을 완화하려고 시도할 것이다. 그가 반드시 하지 말아야 할 것은, 만약 가능하다면, 자국이 보유한 정치적, 자연적 자원만으로 스스로의 안전을 지킬 수 없을 정도로 이웃 국가가 강력해지는 것을 허용하는 것이다.

대외 정책의 고려 요소

그렇다면 한 국가의 외교정책은 세계 속에서 그 국가의 위치적 측면과 관련해서 주로 검토되어야 한다. 자연 자원과 함께 영토의 크기와 지형은 국제 관계에서 국가의 지위를 결정하는 데 있어 지리적 위치를 제외하고 가장 중요한 요소가 될 것이다. 특정 국가가 자국보다 더 많은 자연 자원 및 잠재적인 힘을 가진 국가들에 포위되어 있고 보호를 받을 만한 지형적 방벽이 없다면, 포위는 실제적인 위협이 된다. 정치가는 안보를 지키기 위해 이 상황을 고려해야 하고, 완전한 포위를 최소화하거나 방지할 가능성이 있다면 무엇이든 활용해야 한다.

제2차 세계대전 이전과 전쟁 기간 중 서유럽의 세 개의 작은 국가들의

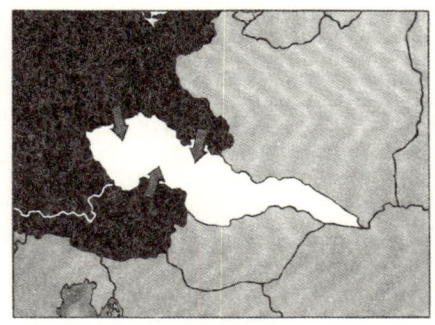
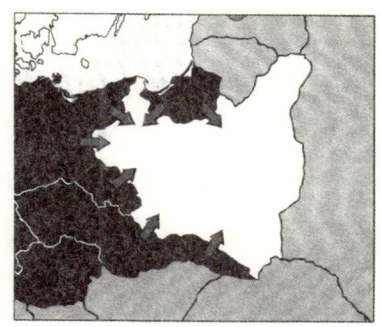

1938년 체코슬로바키아　　　　1939년 폴란드

1941년 유고슬라비아

[지도 20] 지리적 포위

사례는 이 결론이 참임을 분명히 보여 준다(지도 20). 오스트리아가 독일에 흡수된 후 체코슬로바키아는 거의 완전히 게르만 국가의 영토에 둘러싸였고, 보유하고 있던 유일한 지형적 보호 장치인 북서 국경 쪽 산들도 포위되었다. 폴란드는 보호막이 되어줄 수 있는 어떠한 산악 지대도 가지고 있지 않았고, 동 프러시아의 존재 때문에 항상 독일에 의해 포위될 위험이 있었다. 체코슬로바키아에서 독일이 정치적으로 승리하면서 폴란드는 완전히 포위되었고, 전쟁이 다가왔을 때는 방어가 불가능했다. 유고슬라비아에서도 같은 상황이 벌어졌는데, 이 경우 포위는 영토가 아니라 정치적인 것이었다. 헝가리, 루마니아, 불가리아, 이탈리아에서 독일이 정치적으로 우세해

지면서 유고슬라비아가 적대적인 영토로 포위되자 항복이 불가피해졌다.

그러나 주변 국가의 경제 상태가 포위된 국가의 잠재력을 압도할 정도로 강력하지 않다면 영토적 포위는 안보 상황에 별 의미가 없을 것이다. 따라서 고려중인 지역의 자연 자원과 산업 발전을 면밀히 검토하고 그 가용성과 강도를 비교할 필요가 있다.

마지막으로, 두 지역의 상대적인 정치적 통합성을 고려해야만 상황이 완전히 파악될 것이다. 체코슬로바키아의 경우처럼 주변 지역이 하나의 통일된 정부하에 있는지, 또는 유고슬라비아의 경우처럼 주변 지역이 두 개 이상의 국가로 이루어진 정치적 동맹으로 구성되어 있는지는 큰 차이를 만든다. 상황의 심각성은 영토적으로 포위하고 있는 국가들 사이에 체결된 동맹 관계의 성격과 정도에 따라 쉽게 가늠할 수 있을 것이다. 다시 말해, 지리적, 경제적, 정치적 요소들은 모두 분석의 일부이며, 세 가지 요소 모두를 검토할 때 진정한 위치의 의미를 파악할 수 있다.

지리적 위치와 힘의 세계적 분포

우리는 국가의 지리적 위치가 안보 문제를 정의하는 데 있어 기본적으로 중요하다는 점에 주목하였다. 세계 속에서의 위치는 기후대와 그에 따른 경제 구조를 결정하고, 지역에서의 위치는 잠재적인 적과 동맹국을 규정하고 심지어 집단안보체제 참여시에 역할의 한계도 규정하기 때문에, 지리적 위치는 다른 모든 요인에 영향을 미친다. 그 국가가 위치한 지역의 지형적 특성을 고려하여 지리적 위치를 명확하게 파악한다면 안보 문제를 이해하는 틀이 될 수 있을 것이다.

서반구는 세 대양 즉 대서양, 태평양, 북극해에 둘러싸인 거대한 대륙이

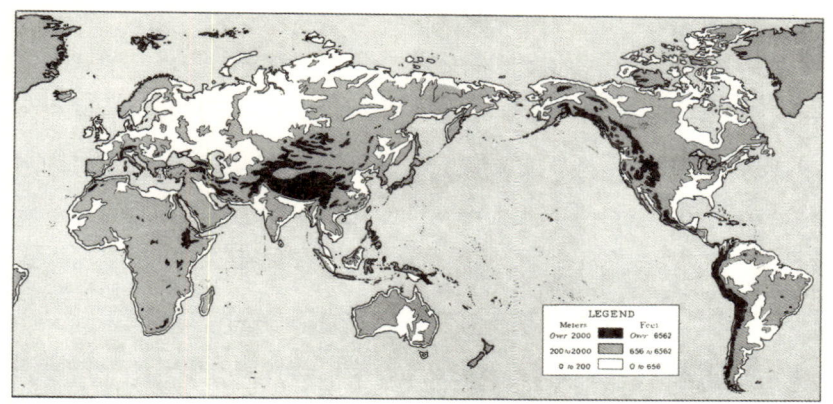

[지도 21] 세계 지형도

라는 것이 우리가 견지해온 기본적인 견해였다. 북아메리카의 가장 두드러진 지형적 특성인 로키산맥 때문에 미국의 인구, 자원, 산업 발전은 모두 대서양이 있는 동쪽 방향으로 향하고 있다(지도 21). 태평양 연안에는 항구가 거의 없고, 극동 지역과의 경제활동은 매우 미약하다. 그곳은 국토 대부분과 쉽게 왕래하기 힘들다. 사실상 태평양 연안이 세계적으로 경제적 중요성을 가지게 된 것은 파나마 운하의 건설 때문이었다. 이 중앙아메리카 관통로는 미국 전체의 축을 회전시켜 태평양에 직접 접근하게 해 주는 효과를 가져왔다. 그 후 뉴욕항은 수에즈를 경유하여 랭커셔의 산업 지역 및 리버풀 항구에 접근하는 것보다 상하이 북부의 아시아 항구와 더 가까워졌다. 또한 태평양 연안은 대서양 지역과 훨씬 더 밀접한 접촉을 하게 되었다. 따라서 비록 서반구의 진정한 힘의 중심은 여전히 북아메리카의 대서양 연안에 놓여 있지만, 미국 전역이 대양을 가로질러 구세계에 접근할 수 있게 되었다.

구세계의 일반적인 지형적 특징은 더 복잡하다. 지형적 특징이 힘의 중

Ⅲ 서반구의 위치 59

심지의 위치를 구체적으로 정의하기 때문에 유럽과 아시아의 정치적 발전에 미친 영향은 엄청났다. 역사의 시작부터 이 광대한 대륙의 산과 평원은 사람들의 이동 방향과 국가의 강약을 결정해 왔다. 그것의 첫 번째이자 가장 인상적인 특징은 북극해와 투르키스탄 산맥 사이 그리고 발트해와 베링 해협 사이에 펼쳐진 광활한 중앙 저지대이다. 이곳의 북쪽은 툰드라 지대와 얼음으로 덮인 해역 사이의 북극 해안을 따라 경계를 이루고 있다. 남쪽, 서쪽, 동쪽으로는 북독일 평원 지역에서만 단절된 거대한 산맥으로 둘러싸여 있다. 거대한 알프스-카르파티아-히말라야 산맥 너머에는 좁은 해안 저지대가 있는데, 이들은 차례로 일련의 연안해에 의해 경계 지어진다. 이 해상 고속도로는 발트해에서 시작하여 대륙 전체를 훑어 돌아 오호츠크해에서 끝난다. 여기에는 유럽 쪽 지중해를 가리키는 지중해와, 아시아 쪽 지중해라고 할 수 있는 오스트레일리아와 아시아 사이의 중간 해역이 포함되어 있다. 대륙을 둘러싼 바다에 자리 잡고 있는 근해 도서국들$^{\text{the off-shore island groups}}$ 중에서, 우리의 연구 목적을 위해 가장 중요한 국가는 영국과 일본이다. 왜냐하면 그들은 정치적, 군사적 힘의 중심지이기 때문이다. 이 두 개의 근해 도서국은 아프리카와 오스트레일리아라는 근해 대륙$^{\text{the off-shore continents}}$과 함께 구세계의 그림을 완성한다.

유라시아 대륙을 둘러싼 연안해는 용이한 접근로와 값싼 수송로를 제공함으로써 유럽과 아시아 해안 평야 지역의 발전에 크게 기여해 왔다. 하지만 대륙 전체가 실제로 통합되는 것이 불가능했기 때문에 대륙에서의 육로 수송은 심각한 어려움에 직면해 왔다. 구세계의 거대한 중앙 평야는 해안 지역으로부터 거의 완전히 단절되어 왔고, 19세기 철도의 발전이 있기까지 이 광대한 저지대 지역은 실질적인 세력을 가진 통일 국가가 될 수 없었다. 북쪽을 보자면, 연중 부동항인 무르만스크 항과 3~4개월 동안만 동결하는 아르한겔스크 항을 제외한 모든 해상수송로는 북극해의 얼음으로 막혀있다. 나머지 국경은 산맥에 둘러싸여 있기 때문에 해안에 닿을 수 있는 육로는 단지 몇 군데에 불과하다.

서쪽과 남쪽을 보면, 자연은 대륙의 심장부에서 바다로 가장 쉽게 이동할 수 있는 통로를 제공해 왔다. 북독일 평원은 북해로 광활하게 나아가는 중앙 저지대와, 영국해협을 경유하거나 스코틀랜드 북부를 돌아가는 바다로 이어진다. 남쪽으로는 흑해가 다르다넬스 해협과 지중해를 거쳐 수에즈 운하, 홍해, 인도양으로, 또는 지브롤터 해협과 대서양으로 이어지는 수로를 제공한다. 페르시아의 산들은 페르시아만과 인도양에 접근할 수 있는 좁고 험난한 몇 개의 통로를 가지고 있고, 카이베르 고개는 우뚝 솟은 힌두쿠시 산맥을 통해 인도 해안의 항구에 이를 수 있는 또 다른 복잡한 길을 제공하고 있다.

산맥이 티베트와 몽골의 사막 고원 쪽으로 길을 내주고 있어서 동쪽 장벽은 더 뚫기가 어렵다. 실크로드 경로가 러시아 투르키스탄에서 톈산 산맥과 신장을 통해 황해 또는 동중국해까지 흐른다. 톈산과 알타이 산맥 사이의 저지대를 거쳐 몽골고원을 넘어 베이징과 즈리만(발해만)으로, 또는 알타이 산맥 북쪽과 바이칼 호수 주변을 지나 만주까지 여행할 수도 있다. 여기에서, 남쪽으로 블라디보스토크와 일본해(동해) 또는 즈리만으로 갈 수 있다. 아무르강 골짜기를 통해 북쪽으로 니콜라옙스크로 간다면 오호츠크해에 도착할 수 있다. 마침내, 소련 정부는 최근의 노력을 통해 여름 두 달 동안 레나강과 북극해 동쪽의 해협에서 베링해까지 몇 척의 배를 운항할 수 있게 되었다.

해양이 구세계 국가들의 경제, 문화, 정치 관계에서 가장 중요한 역할을 하고, 또한 구세계와 신세계 사이의 관계를 결정한다는 것은 분명하다. 동반구와 서반구 사이의 가장 중요한 접촉은 허상 교통을 통해 이루어진다. 미국은 해상 교통을 통해서만 유럽과 극동 지역에 영향력을 미칠 수 있고,

유라시아 국가의 힘은 바다를 통해서만 효과적으로 미국에 도달할 수 있다. 공군력의 중요성이 점점 커지고 있음에도 불구하고 이것은 사실이다. 왜냐하면 가장 특수화된 일부를 제외하고는 앞으로도 모든 우세한 이동 수단은 바다를 항해하는 배일 것이기 때문이다.

당분간 북극해에서는 짧은 여름 동안 소수의 배만 운행될 것이기 때문에, 북극해는 계속해서 세 개의 해양 전선 중에서 가장 덜 중요하게 생각될 것이다. 다른 두 대양 지역 중에서 대서양이 여전히 더 중요하게 여겨질 것이다. 왜냐하면 미국 문화가 대서양 건너의 서유럽 문명으로부터 기인했을 뿐만 아니라, 수 년 동안 대서양 쪽 해안은 더 멀리 있는 태평양 쪽 해안보다 경제적으로나 정치적으로 더 중요할 것이기 때문이다. 비록 두 대양 중 대서양이 더 작지만, 미국은 대서양 쪽으로 훨씬 더 긴 해안과 훨씬 더 큰 배수 유역을 가지고 있다. 이 나라 경제 활동의 대부분이 대서양을 향하고 있다.

반복적으로 말하지만, 세계 대륙의 지리적 주요 요소들은 전략과 안보의 모든 문제에서 필수적인 인자들이다. 어떤 정책을 최종적으로 결정하는 정치적, 경제적 판단은 무엇보다 육지의 분포와 지형적 특성에 의해 제한된다. 이것들이 국가의 평화와 안보가 위태로울 때 국가 간 그리고 대륙 간의 관계를 조건 짓는 기본적이고 불변하는 요소들이다.

잠재적 힘의 분포

세계의 농업 및 산업 자원들의 분포는 주로 지형적 측면에 의해 결정되어 있다. 한 국가가 세계 정치에서 갖는 역할의 경제적 기초가 여기에 놓여 있다. 국제 사회의 평화에 직접적인 영향력을 행사하는 국가들은 충분한 인적, 물적 자원을 가지고 있는 국가들이다.

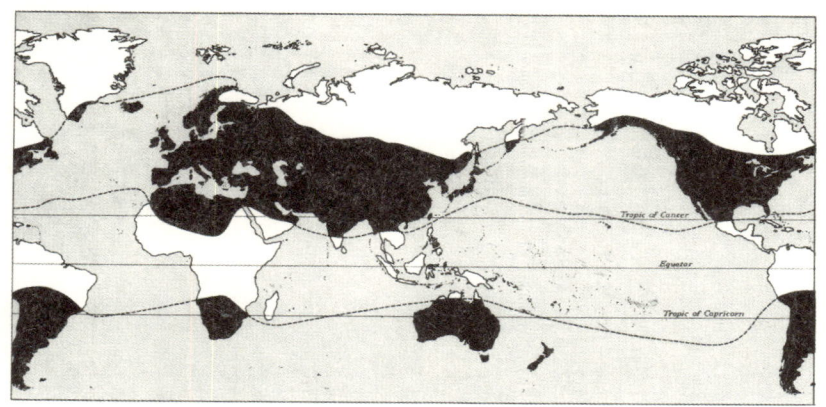

[지도 22] 기후대

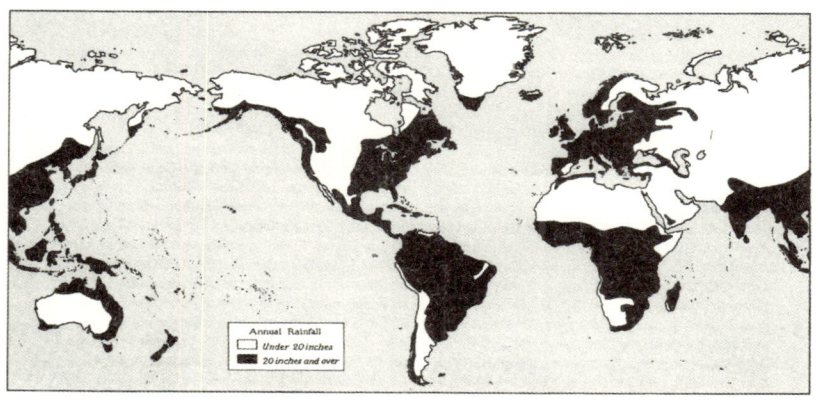

[지도 23] 강수량의 분포

어떤 지역들은 그 지역을 대표하는 특정한 기후적 조건들로 인해 실질적, 잠재적 힘의 지대에서 배제된다(지도 22). 극북에서는 토양이 계속적으로 얼어붙고 농업 생산의 가능성은 희박하다. 극 열대지역에서도 토양의 침출이 지역 농산물 생산을 제한하여 많은 인구를 부양하기 힘들게 한다. 비록 몇몇 지역에서는 기온의 영향이 고도에 의해 상쇄되기도 하지만, 이 두

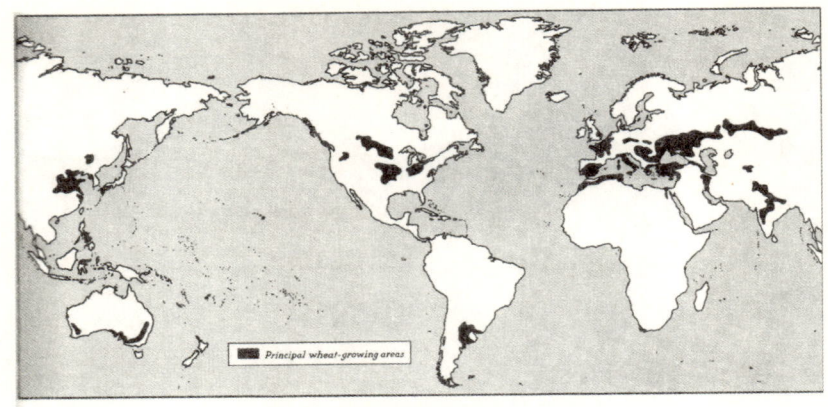

[지도 24] 밀 생산 중심지

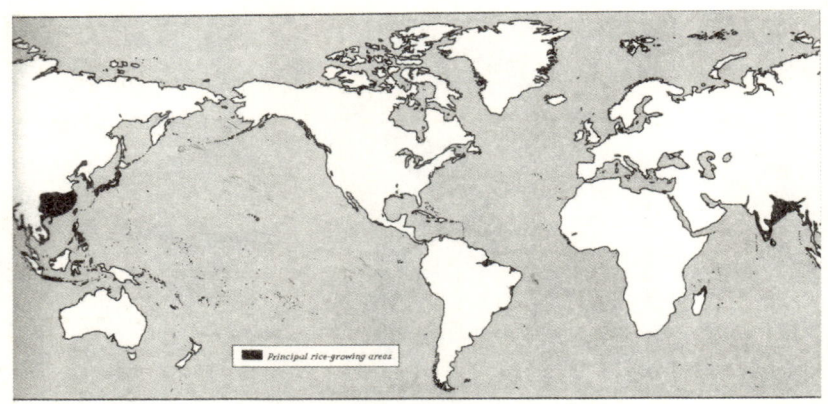

[지도 25] 쌀 생산 중심지

지역의 극단적인 기온 때문에 여전히 많은 사람은 그 지역에 대해 매력을 느끼지 못한다. 많은 인구와 강대국들의 성장에 일반적으로 적합한 지역들은 북반구와 남반구에 뻗어있는 단지 두 개의 명확한 띠 형태의 지역에 위치하고 있을 뿐이다.

    이러한 기후 지도는 강수량이 연간 20인치 이상인 지역을 보여 주는 도

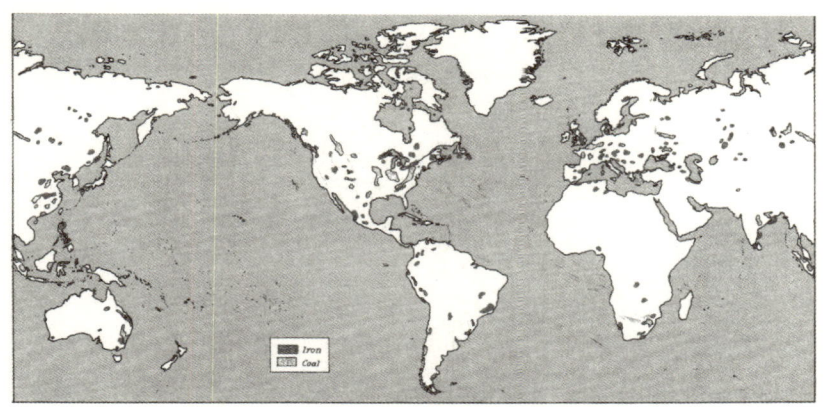

[지도 26] 석탄 및 철 자원

표로 보충할 수 있다(지도 23). 이 수치는 대략적으로 서양 및 동양 문명의 훌륭한 주식인 밀과 쌀의 효과적인 생산을 위해 필요한 최소 강수량을 나타낸다. 전 세계적으로 밀과 쌀 생산 중심지(지도 24, 25)의 실제 분포가 충분한 강수량을 가진 지역과 거의 정확하게 일치하고 있는 것으로 나타난다. 온화한 기후와 밀이나 쌀 생산에 적합한 강수량은 어떤 국가의 힘을 위한 농업적 기반을 제공한다. 이러한 요소들이 상당한 정도로 부족한 지역은 세계 권력 관계 속에서 부차적인 역할을 할 수밖에 없는 운명에 처하게 될 것이다.

한 국가의 군사적, 정치적 힘에 더 직접적으로 중요한 것은 현재 보유하고 있는 산업 자원들과, 이러한 자원들이 현대 서양 문명의 필수적 도구들을 생산하기 위해 사용될 수 있는 정도이다. 석탄과 철은 기초 에너지이자 기계들의 기본 원료이므로, 이 자원들의 세계 분포(지도 26)와 생산 중심지들의 분포는 우리가 생각하는 그림의 일부분을 차지한다. 이 두 가지 필수 광물의 매장량은 남반구보다 북반구에 더 많고 미국이 전체 매장량 중 상당한 비율을 차지하고 있기는 하지만, 거의 전반적으로 전

III 서반구의 위치 65

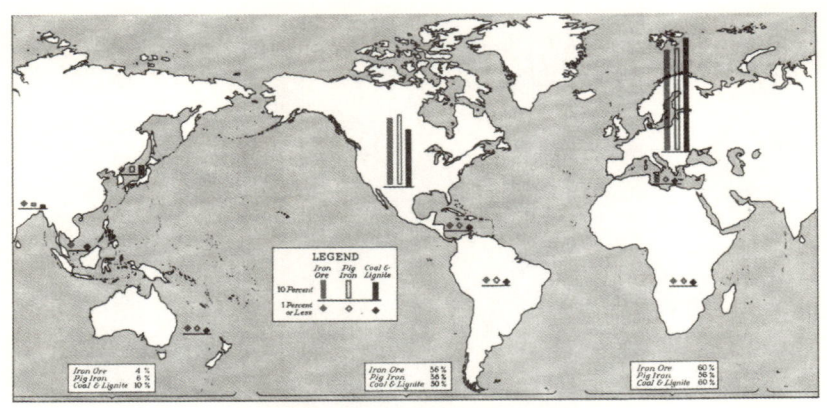

[지도 27] 석탄 및 철 생산량, 1937년
(유럽의 생산 총량에 소련의 생산량 포함)

세계에 걸쳐 흩어져 있다.

그러나 한 국가의 힘에 중요한 것은 매장량이라기보다는 실질적으로 물질이 생산되는 양이다. 우리가 흥미를 느꼈던 거대 지역들에 대한 1937년 세계 생산량의 비율이 기록된 세계 지도(지도 27)를 보면서, 유라시아 대륙이 석탄과 갈탄의 대략 70%, 철광석의 64%, 선철의 64%를 생산하는 반면, 서반구는 각각 30%, 36%, 38%를 생산한다는 사실을 발견했다. 비록 전쟁 기간 동안 생산이 경이롭게 증가하긴 했지만, 신세계의 위치가 유럽과 극동의 정치적, 경제적 통합에 무관심할 수 있을 만큼 압도적으로 유리한 것은 아니었다.

석탄을 제외한 두 가지 에너지 생산 자원은 석유와 수력이다. 세계의 다양한 전략 중심지에서 잠재적 수력 에너지의 상대적 양이 명시되어 있다(지도 28). 그러나 석유 생산(지도 29)은 더욱 중요하다. 석유의 주요 생산지는 세 개의 거대한 지중해 중 두 곳인 아시아와 아메리카의 지중해 주변 지역에 놓여 있다.

유럽 지중해 지역의 석유 생산 중심지는 지중해 국가들의 직접적인 영

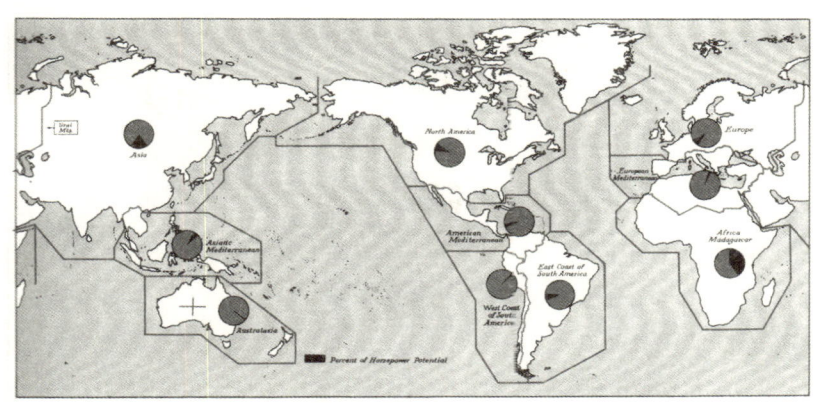

[지도 28] 잠재적 수력 추정치, 1936년

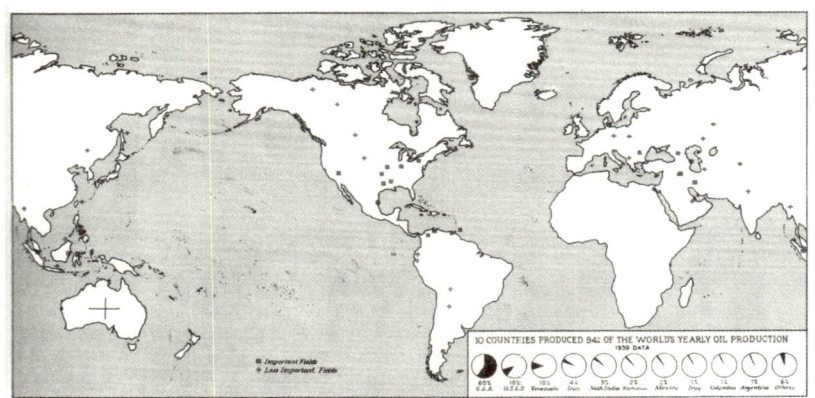

[지도 29] 석유 생산 중심지

항에서 벗어난 흑해 지역에 놓여 있다. 그러나 거대한 석유 생산지 세 곳 모두 산업 사회 건설을 위해 필수적인 다른 요소들을 상대적으로 거의 갖고 있지 못했다.

따라서 우리는 유럽 산업 세계가 아시아-흑해의 석유 생산에 의존한다는 흥미로운 상황에 직면해 있다. 일본-중국의 산업 생산의 출현은 아시아 지중해에 의존하고 있다. 그리고 미국의 산업 생산은 아메리카 지중해의 석

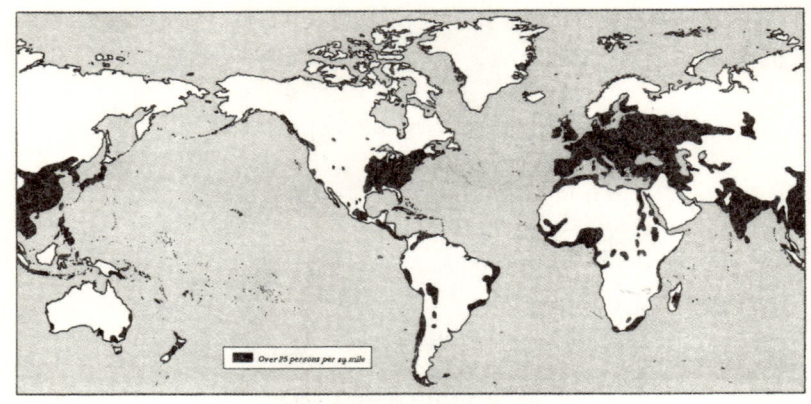

[지도 30] 인구 밀도 분포

유 공급에 의존하고 있다.

　농업과 산업 생산과 같은 인간 외적인 요소들은 상대적으로 쉽게 도표화되고 분석되었지만, 한 나라의 완전한 국력을 결정하지는 않는다. 한 나라에 거주하는 사람들 또한 그 나라 힘의 근본 요소가 된다. 비록 한 민족의 성향과 정신력을 측정하여 지도상에 그 결과를 나타내는 것은 불가능하지만, 세계의 인구 밀도 분포에 주목하면서 국가의 상대적 힘에 대한 밑그림을 그려보는 것은 가능하다(지도 30). 특히 사람들이 오랜 시간동안 거주해왔던 지역에서는, 인구수 그 자체가 삶을 유지할 수 있는 능력을 나타내기 때문에 잠재적 국력의 지표가 된다. 낮은 최저 생활수준으로 살아가는 많은 인구가 한 나라의 국력 발휘에 어떤 어려움을 준다는 것 또한 사실이다. 그래서 중국과 인도의 많은 국민이 극단적으로 낮은 수준으로 살고 있다는 사실은 두 국가가 가장 강력한 국가의 순위에 오르지 못하는 부분적인 이유가 된다. 그럼에도 불구하고, 일반적으로 한 지역의 인구 밀도는 그곳의 국력과 밀접한 관련을 가지고 있다. 시베리아는 실질적으로 인구가 거의 없지만, 반면 유럽의 주변 지대들, 인도 그리고 중국은 인구가 밀집되어 있다. 거대한 문명과 세계적 강대국가들이 존재했던 것은 전자라기보다는 후자였다는 것을 역사는 말해준다.

    인구 밀도의 분포와 강수량 지도를 비교하면, 두 요인 사이에는 눈에 띄는 상관관계가 있다는 것을 알 수 있다. 세계 인구의 대부분이 연평균 500~1500mm 사이의 적정 강수량 지역에 살고 있다. 건조 지역에서도 관개가 가능하고, 특히 몬타나에서 뉴멕시코에 이르는 로키산맥 동부의 미국 서부 등 세계의 어떤 나라들에서는 건조지역에 성공적으로 관개를 해왔다. 관개를 위해 사용되는 물은 그 지역의 빈약한 강수량에서 또는 산악 지대에서 흘러오는 물을 모아 사용하므로 제한적이고, 그래서 필요한 땅 중 단지 일부분에만 물을 댈 수 있다. 카스피해의 동쪽으로부터 투르키스탄 저지대에 걸쳐있는 러시아의 남쪽 영역은 건조하지만, 파미르 고원과 아프가니스탄의 빙산으로부터 물이 공급되는 관개협곡으로 인해 비옥한 농지를 보유하고 있다. 긴 겨울과 짧은 농번기를 갖는 시베리아는 오직 남쪽 지역에서만 농사가 가능하고 따라서 유럽과 극동 지역에 비해서 농업 인구를 부양하기가 힘들다.

    하지만 현대 시기 국가의 성장과 밀접하게 연관된 하나의 요인은 산업 생산이다. 우리는 산업 구조의 근간을 이루는 철과 석탄의 세계적 분포에 주목해 왔다. 인구의 밀집과 산업의 성장 사이에 어떠한 관계가 있다는 것 또한 지적해야 한다. 산업시대 이전에는 국가의 노동력이 이용가능한 대부분의 자원을 생산해 냈기 때문에 한 국가의 인구수는 국력에 직접적인 영향을 주었다. 오늘날 우리는 시리아와 만주 사이의 유라시아 남쪽과 동쪽의 주변지에서 인간 자원과 노동력의 산출 사이에 직접적인 관계가 있다는 것을 발견할 수 있다. 그러나 유럽과 미국에서는 기계 자원이 노동력의 많은 부분을 생산한다. 인간과 기계 에너지가 생산하는 노동력의 양을 하나의 공동 단위로 나타냄으로써 지구의 다른 지역들을 비교하는 것이 가능

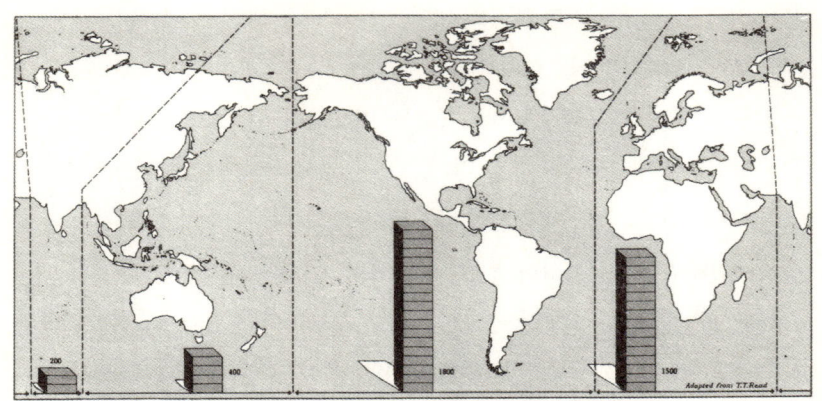

[지도 31] 일일 노동생산량, 1929년 (단위: 100만 마력/시)

하다(지도 31). 그러므로 인구 밀도만으로 노동력이 생산한 자원의 양을 나타내는 것은 적절하지 않다. 서반구에서는 기계 동력에 대해 엄청난 투자를 했기 때문에 동반구와 특히 극동 지역과 비교해서 훨씬 더 적은 인구수를 가졌음에도 불구하고 상당한 국력의 성장을 이루어낼 수 있었다.

미국과 세계

미국의 지정학적 위치를 요약하자면, 미국은 지리적으로 유라시아, 아프리카, 오스트레일리아 대륙에 둘러싸여 있다고 할 수 있다(지도 32). 영토적으로 볼 때 이 지역들은 신세계 크기의 2.5배에 해당한다. 인구 측면에서는 10배 이고, 에너지 산출과 관련해서는 대략 비슷하다. 인구 밀도와 기계 에너지가 특징인 힘의 중심 서유럽은 우리의 동쪽에 위치한다. 우리의 서쪽에는 인구 밀도가 높은 강대국이 자리 잡고 있다.

두 지역의 정치적 특징은 매우 다르다. 유럽에서는 역사적으로 많은 합

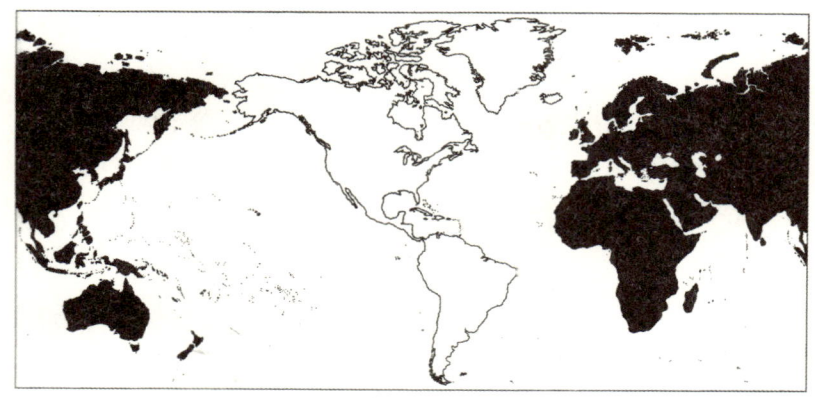

[지도 32] 포위된 서반구

병의 위협을 받았던 독립된 국가들이 정치적으로 산재해 있는 모습을 볼 수 있다. 나치 독일의 주도 아래 자행된 가장 최근의 위협은 노스케이프에서 희망봉까지의 새로운 질서를 확립하려는 계획이다. 동시에 극동지방에서도 한 나라의 패권 지배를 향한 유사한 시도가 진행되고 있었다. 몇 세기 동안 중요한 강대국이었던 중국과 러시아의 힘은 대륙에서 균형을 유지해 왔다. 해양에서 세력을 확장하고 있는 일본은 베링해협에서 테즈메이니아까지의 완벽한 지배를 시도하고 있다.

제2차 세계대전의 과정에서 독일은 북쪽으로 노스케이프, 남쪽으로 다카르까지의 지배를 목적으로 하였고, 일본은 만주에서부터 중국의 해안 전역 그리고 남쪽으로 뉴기니아와 솔로몬 제도까지 지배력을 확장했다. 1943년, 유럽과 아시아의 신질서를 더 이상 세상의 위협이 되지 않는 방향으로 이끄는 국제연합의 성장을 목격하였다. 독일은 아프리카와 러시아에서 퇴각하였고, 동맹국 이탈리아가 패배하는 것을 목격하였다. 일본은 중국에 대한 지배력 확산이 차단되었고 남태평양에 주둔하던 기지로부터 퇴각을 강요받았다.

III 서반구의 위치

그러나 독일과 일본이 그들의 목적을 달성하던 1942년에 우리가 경험한 가장 중요한 사실은 그들 사이에 정치적 동맹 관계가 형성되었다는 사실이다. 우리는 통합된 세력에 의해 유라시아 전역이 포위될 가능성에 직면했었다. 동반구 지역을 지배하던 국가들의 힘은 압도적으로 커지고 있었다. 따라서 우리가 자신의 독립과 안보를 지키는 것은 불가능해 보였다. 만약 우리가 미래에 이와 유사한 포위를 피하고자 한다면, 두 구세계의 국가 또는 국가들의 동맹이 우리의 안보를 위협할 수 있는 지배적 세력으로 성장하지 못하도록 평시에 지속적인 관심을 기울여야 한다. 그러므로 유라시아 대륙 국가들 사이의 힘의 관계는 우리 정책 결정 과정에 지대한 영향을 미친다. 우리는 동반구 지역에 작동하는 지정학적 힘을 이해해야 하고, 그것이 우리의 지위에 어떠한 영향을 미치는지 알아야 한다.

IV

유라시아의 정치 지도

동반구 국가들 사이의 지정학적 관계를 고려하는 누군가는 오늘날 전체 지구 표면이 하나의 정치적 역학 관계의 영역에 놓여 있다는 사실을 먼저 강조해야만 할 것이다. 전 세계는 지금 지리적으로 모두 알려져 있고, 한 지역의 힘의 배치는 다른 지역의 힘의 배치에 영향을 미치게 되어있다. 해양력의 발전은 서유럽 국가들의 정치적 힘을 가장 멀리 떨어져 있던 대륙의 해안 지역에까지 접근할 수 있게 해주었다. 한 대륙에서의 힘의 조건들은 다른 대륙의 힘의 분포에 필연적으로 영향을 받으며, 한 나라의 외교정책은 전 세계에 걸쳐 발생하는 사건들에 의해 영향을 받을 것이다.

현재 세계 정치 상황의 원인이 되는 근본적인 사실은 항해술의 발달 및 인도와 미국으로의 해양 루트의 발견이다. 해양 기동성은 새로운 형태의 지정학적 구조인 해외 제국의 기초가 된다. 이전의 역사에서는 로마, 중국 그리고 러시아 제국과 같은 인접한 대륙에 대한 지배를 기초로 한 거대한 대륙세력의 형태가 발달하였다. 이제는 해양이 교류의 거대한 동맥이 되어 엄청난 힘과 광범위한 확장이라는 새로운 구조를 만들어 냈다. 영국, 프랑스

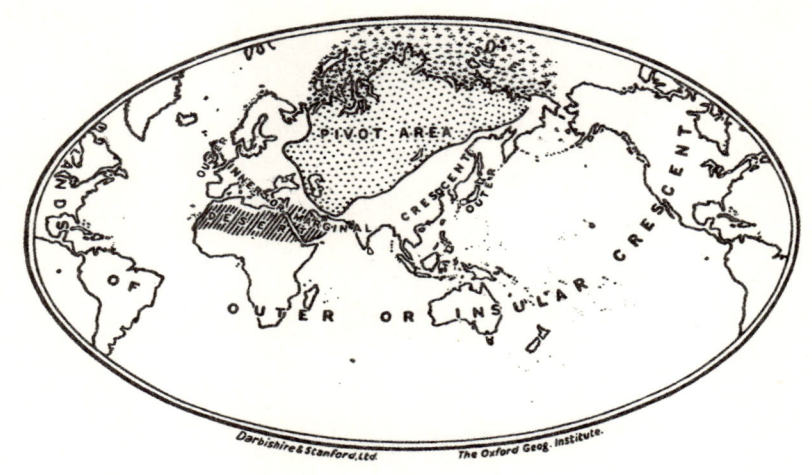

[지도 33] 매킨더의 세계

그리고 일본 제국 및 미국 등 해양세력은 현대 세계가 정치 세력들이 상호 작용하는 하나의 공간으로 발전하는 데 기여했다. 유라시아 대륙을 하나의 단위로 품게 한 것은 바로 해양세력이며, 구세계와 신세계의 관계를 지배하는 것도 해양세력이다.

세력 구성에서 이러한 중요한 변화는 1890년 알프레드 마한Alfred Thayer Mahan의 책 《해양력이 역사에 미치는 영향The influence of sea Power upon History, 1660-1783》[1]에서 처음으로 포괄적으로 인식되고 분석되었다. 그러나 1904년에 처음으로 대륙세력과 해양세력의 관계를 온전히 지구적 범위로 자세히 연구한 사람은 바로 영국 지리학자인 해퍼드 매킨더Halford Mackinder이다. 그는 자신의 분석을 위한 기초 도구로서 시베리아를 중심으로 하는 지도(지도 33)를 사용했고 유럽을 세계의 중심이 아니라 유라시아 대륙의 여러 반도 중 하나로 다루었다. 서양 세계는

---

1   한국어 번역본은 김주식(역), 《해양력이 역사에 미치는 영향 I, II》, 책세상, 1999 **역주**

우주의 중심인 유럽이 지배하던 지구를 새로운 관점으로 보기 시작했다. 매킨더의 가장 잘 알려진 작품은 1919년에 편찬된 《민주주의의 이상과 현실Democratic Ideals and Reality》인데, 여기에서 그는 세계 정치의 지구적 관점에 다시 의문을 던지고 유라시아 대륙에 대한 자신의 분석을 더욱 포괄적으로 발전시켰다.

세계는 지금 해상뿐만 아니라 하늘로도 통합되어 있기 때문에 더욱 더 하나의 전체로서 세계를 볼 필요가 있다. 서반구의 위치에 대한 우리의 생각은 구세계의 실제 상황을 왜곡하여 인식하도록 만들었다. 왜냐하면 우리는 우리 본토와 관련된 구세계의 힘을 고려하기 위해서 관심을 미국에 집중해왔고, 그래서 유라시아 대륙을 두 개의 지역 즉, 유럽과 극동으로 나누어서 생각했기 때문이다. 이 두 지역을 상호 관련 속에서 완전한 그림으로 보기 위해, 매킨더의 시베리아 중심 지도로 되돌아가 대륙에 대한 지정학적 관련성을 고려하면서 그가 발달시킨 다양한 개념들을 자세하게 검토하는 것은 의미가 있다.

매킨더의 세계

매킨더의 분석은 하트랜드라는 아이디어에서 시작한다. 시베리아의 거대한 공간은 내륙 유역과 해양으로의 접근이라는 측면에서 하나의 단위로 간주할 수 있다. 이 거대한 지역은 모든 강들이 북극해와 카스피해 및 아랄해의 내수면으로 배수가 되고 어느 곳도 외부 해안에 닿지 않기 때문에 하나의 단위로 다루어 질 수 있다. 이 지역에 거주해 왔던 유목민족들은 간간이 외부 해안에 닿으려고 노력해왔고, 결과적으로 다양한 시기에 연안 지역

---

2 한국어 번역본은 이병희(역), 《민주주의의 이상과 현실 : 국제 관계의 지리학》 공주대학교 출판부, 2004 역주

을 점유했던 나라들에게 엄청난 군사적 압박을 가했다. 이러한 연안 지역을 매킨더는 내부 초승달$^{the\ inner\ crescent}$ 지역이라고 불렀으며, 이 범주에는 바다로의 직접적인 접근이 가능하여 해양과 대륙의 힘을 둘 다 발휘했던 모든 대륙의 국가들을 포함한다. 그 너머에는 외부 초승달$^{the\ outer\ crescent}$ 지역에 해당하는 섬과 근해 대륙들이 놓여 있고, 대양의 가장자리는 서반구라는 먼 바다의 대륙들이 점유하고 있다.

이러한 관점에서는 서반구 대륙의 연속성이 깨어지게 되는데, 왜냐하면 시베리아 중심의 지도는 유럽과 마주하는 북아메리카와 남아메리카의 대서양 연안을 보여주면서, 한편으로는 아메리카의 태평양 연안이 극동 지역을 마주하는 것을 보여주고 있기 때문이다. 매킨더가 그의 지도를 편찬한 1904년에 그것은 사실이라기보다는 예언적인 것이었는데, 왜냐하면 서태평양에서 미국의 강력한 힘이 발휘된 것은 파나마 운하가 완성된 후이기 때문이다. 그러나 서반구가 구세계의 유럽과 극동 지역에 핵심적 이익과 연계성을 가지게 된 오늘날에는 유라시아 대륙 중심의 지도가 확실한 유효성을 지니게 된다.

매킨더는 동반구의 내로라하는 세력들을 영국의 해양세력과 하트랜드의 대륙세력 사이의 관계 측면에서 정의하였다. 대영제국의 안보는 세계섬$^{the\ world\ island 3}$에 위치한 해양 국가와 대륙 국가 사이의 세력 균형 유지에 달려 있었다. 둘 중 하나가 세력의 우위를 갖게 되면, 전체 대륙은 하나의 세력에 지배되고 추축지역$^{pivot\ area}$도 그 세력에게 통제될 것이다. 이러한 거대한 땅덩어리를 기지로 해서 영국을 쉽게 패배시킬 수 있는 해양세력이 발달할 수 있다. 그러므로 영국의 외교정책의 임무는 유럽 대륙에서 어떠한 세력의 통합도 방지하는 것이며, 특히 독일과 러시아가 효과적인 군사 연합을 이끌

---

3 매킨더는 서로 연결되어 있는 유럽, 아시아, 아프리카를 대양 위에 떠 있는 하나의 거대한 섬으로 표현하였다. **역주**

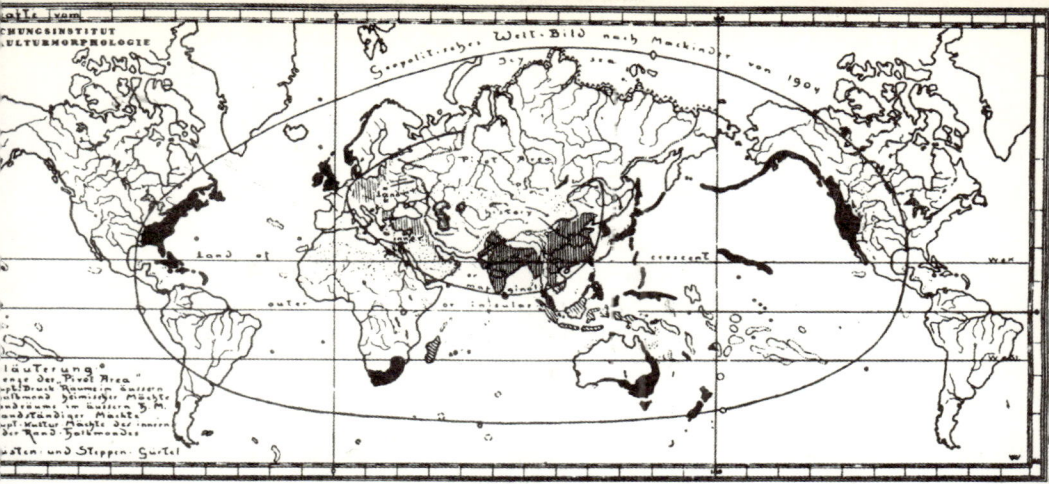

[지도 34] 하우스호퍼의 세계

지 못하게 방법을 찾는 것이었다.

이러한 분석은 유라시아 대륙의 지형적 측면에서 매우 기초적인 타당성을 갖는다. 우리가 이미 지적했듯이, 스칸디나비아에서 시베리아의 축치반도까지는 내륙지역의 사람이 해안에 접근하는 것을 효과적으로 막아주는 쭉 뻗은 산맥으로 둘러싸인 명확한 중부 저지대 평원이 자리 잡고 있다. 산악 장벽 너머에 유럽, 중동, 인도, 그리고 중국의 저지대 해안 지역들이 있다. 매킨더에 의해 사용된 지도가 실제로는 그의 개념적 틀을 형성하는 이런 지형적 특성들을 반영하지 못한다는 사실이 아쉬울 뿐이다. 그의 저서에서 직접적으로 해답을 찾는 것이 불가능하다면, 그가 사용한 용어의 의미를 명확히 이해하는 것은 어려울 수밖에 없다.

독일의 지정학자 하우스호퍼는 영국 지리학자의 해석을 받아들여 자신의 특정한 필요에 따라 그것을 적용시켰다. 자신의 이론을 설명하기 위해 그가 그렸던 지도를 보면(지도 34) 특정한 개량이 이루어졌다는 것을 알 수 있다. 그는 강의 흐름을 표시했는데, 지도를 해석하는 데 익숙한 사람들은 세부 사항을 보고 산맥의 위치에 대한 추정을 할 수 있었다. 그는 또한 매킨더가 논의했으나 그의 지도에 위치를 표시하지 않았던 힘의 중심 지역을 '정치

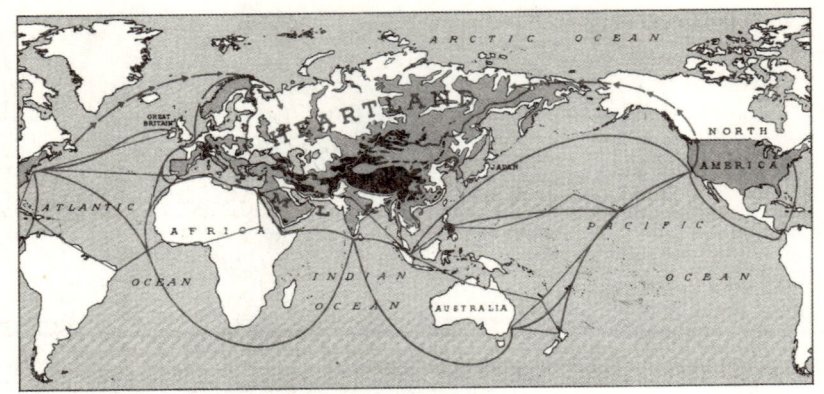

[지도 36] 유라시아의 지정학 지도

적 압력'이라는 특정 지역으로 묘사했다. 그러나 그의 지도 역시 논의를 위한 충분한 기초를 제공하지 못한다. 왜냐하면 지정학적 분석에서 필수적인 지형에 대한 정말로 중요한 사실들이 포함되지 않았기 때문이다.

그러므로 우리는 지형도를 한 번 더 봐야 하며, 다시금 유라시아 대륙의 외형을 강조해야만 한다. 북쪽으로는 얼음으로 덮인 강으로, 동쪽, 남쪽, 서쪽으로는 반원의 산악지대로 둘러싸인 중앙 저지대 평원을 말이다.

그러한 산악 지대를 넘어가면 바다로 뻗어있는 평원으로 구성된 해안 지역들이 놓여있다. 지구의 모습을 좀 더 깊이 연구하기 위해서, 우리는 이러한 지역들에 대해 반복해서 언급해야 하므로 특정한 명칭들로 지정하는 것이 좋을 것이다(지도 35). 중앙 대륙 평원은 계속해서 하트랜드로 부를 수 있지만, 우리는 그 지역이 사실상 소비에트연방공화국의 정치적 범주와 동일하다는 것에 주목해야 할 것이다. 산맥 너머, 매킨더에 의해 내부 초승달 inner crescent 로 불리던 해안 지역은 그 특징을 정확하게 정의하는 림랜드 rimland (주변지역)라는 이름으로 부르는 것이 더 효과적일 것이다. 해양으로부터 대륙을 분리하며 주변을 둘러싸고 있는 연해와 지중해는 해양세력이 전

지역을 하나로 연결하는데 이용할 수 있는 완곡한 해양 고속도로를 구성한다. 그 너머로 외부 초승달$^{\text{outer crescent}}$을 구성하는 영국, 일본, 아프리카 그리고 오스트레일리아 등 근해 섬들과 대륙이 놓여 있다. '근해$^{\text{off-shore}}$'라는 용어가 중앙 대륙과의 본질적인 관계를 더 잘 묘사하기 때문에 우리는 매킨더의 용어보다는 이 용어를 사용할 것이다. 여기에 해양 지대와 대양 건너 신세계를 포함하면 오로지 지리적 요소만을 고려한 그림이 완성된다.

구세계의 전체 지도에 기초해서, 우리는 이제 우리가 구분했던 각 지역을 자세하게 다루고, 힘의 잠재력과 세계 안보의 정치학적 측면에서 그 의미를 분석할 수 있을 것이다. 우리는 각 지역이 과거에 국제 사회에서 해왔던 역할을 평가해야 하는데, 그러한 맥락 속에서 2차 세계대전의 과정과 평화의 가능성을 이해하는 것이 가능하기 때문이다.

하트랜드 The Heartland

하트랜드의 중요성은 해양 수송로와 경쟁할 수 있을 정도로 육지 교통이 발달하여 이 지역이 강력하고 통합된 내부 병참선을 가지게 되면 그 가치가 매우 높아질 것임을 강조하는 매킨더의 개념에 의해 처음 제안되었다. 그는 또한 가장 낮은 경제적 잠재력을 가졌던 스텝 지대가 높은 경제적 잠재력을 갖는 지역으로 변모할 것으로 예상했다.

러시아 경제 및 지리의 실제 상황에 비추어 볼 때, 하트랜드가 현재에 그리고 가까운 미래에도 교류, 이동, 그리고 잠재적 힘의 중심지가 될 것으로 보이지 않는다. 먼저, 세계의 기후 분포를 볼 때 농업 기술의 혁명적 발달이 없다면 농업 생산성의 중심은 중앙 시베리아 지역보다는 서부 러시아 지역이라는 점이 확실하다. 세계 경작지를 표시한 지도는 이러한 사실을 강

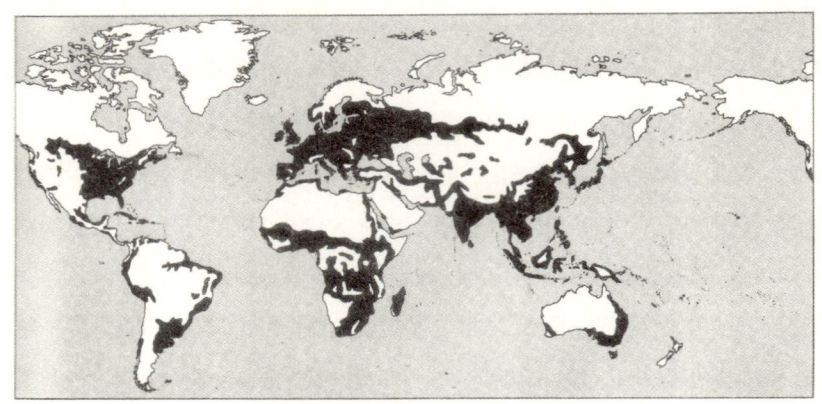

[지도 36] 세계의 경작지

조한다(지도 36). 비록 러시아가 캐나다, 미국, 혹은 브라질보다 더 넓은 면적을 차지하고 있지만, 실제 경작 가능한 범위는 전체 영토의 극히 일부에 지나지 않는다. 우리는 러시아 전체, 혹은 중심지를 엄청난 농업 생산성을 가진 지역으로 이해하는 실수를 피해야만 한다.

세계의 석유와 수력 자원뿐만 아니라, 석탄 및 철 매장량의 지리적 분포를 다시 확인하면서, 우리는 이러한 산업 발전의 필수 자원들이 우랄 산맥의 서부 지역에 상당량 매장되어 있다는 것에 주목한다. 시베리아에 석탄과 철의 매장지들이 있다는 것은 사실이며, 그 정확한 매장량은 알려지지 않았지만 의심할 바 없이 엄청난 양을 차지할 것이다. 또한 어떤 보고서에 따르면, 개발만 이루어진다면 매우 중요해질 석유 매장지들이 존재한다고 한다. 확실히 소비에트 정부는 산업 생산의 중심을 동쪽으로 이동하기 위해 지속적이고 끊임없는 노력을 해왔다. 지금까지 러시아는 전쟁 시기에 필요한 엄청난 수요의 대부분을 공급할 정도의 공장과 광산들을 개발하는 데 성공해 왔다. 우랄산맥과 노보시비르스크 사이의 거대한 지역의 산업 생산량 수치들은 모호하고 정확하지가 않아서, 이 지역의 실제적 중요성과 잠재력을 완전히 평가하는 것은 어려운 일이다. 그 지역의 생산만으로 거대한 인구를 부양할 수는 없겠지만, 그런데도 이 지역이 서부와 남서부에 이르는 더욱 비옥한 지역을 상당 부분 보충하고 있다는 것은 확실하다.

  철도와 도로 그리고 항공기가 유라시아 대륙의 중심에 새로운 기동력을 만들어 냈다. 그러나 이 지역이 북으로, 동으로, 남으로, 그리고 남서로 엄청난 장애물에 둘러싸여 있다는 사실이 경시될 수는 없다. 얼음과 연중 지속되는 낮은 온도, 그리고 몇 개의 험준한 통행길로만 지나다닐 수 있는 높은 산악 지대가 이 지역의 경계를 형성한다. 하트랜드와 맞닿은 대부분의 주변 지역들은 더욱 험준한 이동 통로를 가지고 있다. 아프가니스탄, 티베트, 신장, 그리고 몽골은 철도가 없고 특히 도로가 존재하지 않는 지역들로, 단지 몇몇의 구불구불한 원시적인 대상길만 존재한다. 정치집단 사이에서 뿐만 아니라 동일한 정치집단 내에서도 거리와 힘의 반비례 법칙은 유효하다. 가까운 미래에도 중앙아시아는 의심할 바 없이 낮은 힘의 잠재력을 가진 지역으로 남아있을 것이다.

  매킨더는 위치적 측면에서도 이 지역의 중요성을 주장했다. 하트랜드의 핵이 유라시아 대륙의 중심에 놓여있기 때문에 내부 초승달 지역과의 내부 교류에 장점이 있다. 둥근 영토의 지름을 따라 움직이는 군대는 동일한 지역의 둘레를 따라 움직여야 하는 군대 보다 덜 어려움을 겪을 것이다. 유라시아 주변지역을 둘러싼 순환도로를 이용하는 영국 해군의 외부 이동선과 비교할 때, 러시아는 내부 수송로를 가지고 있다. 소련령 투르키스탄과 북서 인도 사이의 교통로는 사우스햄프턴에서 카라치로 이어지는 해상 루트와 비교할 때 확실히 내부 수송로라고 할 수 있다.

  그러나 내부선은 한 가지가 아니라 두 가지 측면에서 기능한다는 사실이 지적되어야 할 것이다. 만약 주변의 한 지점이 또 다른 교통 순환의 중심지가 된다면 중심과 주변 사이의 관계는 아마도 쉽게 변할 것이다. 그래서 대영제국의 입장에서 볼 때 하트랜드는 인도 국경에서 제국의 힘이 시작될 때만 전략적 의미가 있을 것이다. 그러나 인도 국경 혹은 페르시아 국경이나 중국 국경의 방어선이 국지전에 집중하게 되면, 내부 및 외부선의 전체 개념은 변하게 된다. 지금은 인도와 중국을 영국 해군이 방어하고 있지만, 두 국가가 산업 발전을 통해 군사력을 증강하는 부수적인 효과를 거둔다면 현재의 상황은 더 이상 유효하지 않을 것이다. 이때 중앙아시아 지역에서의 러시아의 힘이 림랜드 지역의 힘과 충분히 균형을 이루지 못한다면, 소련의 힘은 우랄산맥 서쪽지역에만 유지될 뿐, 동부와 남부, 그리고 남서부의 해안에 이를 정도로 강력해지지는 못할 것이다.

림랜드 The Rimland

매킨더의 개념에 따르면, 중심지를 둘러싸고 있는 수륙양면 국가로 구성되는 내부 초승달 지역은 세 부분으로 나눌 수 있다: 유럽의 연안 지역, 아랍-중동의 사막 지역 그리고 아시아의 몬순 지역이다. 앞의 두 지역들은 지리적 영역으로 명확히 구분되지만, 세 번째 지역은 영국에 의해 표현된 특정한 역사적 관점에서 기인한 것이다. 선원들에게는 아시아의 몬순 지역이 하나의 지역으로 보일 것이다. 기후의 유사성과 해양으로의 쉬운 접근성은 이러한 인상을 갖게 한다. 이 영토는 히말라야와 티베트에서 신장과 몽골의 거대한 사막 및 산악 지역에 이르는 일련의 장벽들에 의해 하트랜드의 침입으로부터 잘 보호받는다. 그렇지만, 이 산맥들이 그 너머에 위치한 몬순 지역을 하나의 단위로 볼 수 없게 만든다. 버마와 인도차이나는 해양 쪽으로 뻗어 내려가지만, 이 두 거대한 국가의 접촉을 방해하는 엄청난 장벽이 존재한다. 불교가 신장지역의 경로와 태국의 경로를 통해 인도에서 중국까지 도달했다는 사실은 양국이 직접적인 관계를 유지하는 것이 어려웠다는 것을 보여 준다. 그들의 역사를 통해 보면, 동양 문화의 두 중심지는 서로로부터 똑같이 고립되어 있었고, 그들의 유일한 접촉은 문화적이고 지적인 것뿐이었다.

인도와 인도양의 연안 지역은 그 당시 중국과는 다른 지리적인 범주에 속해 있었고, 그들을 함께 아시아의 몬순 지역으로 분류하는 것은 정확하지 않다. 미래에는 아마도 두 지역의 세력을 육지 또는 공중으로 인도차이나 반도의 저지대를 가로질러야만 연결되는, 그리고 해양으로는 싱가포르 주변으로만 연결된 두 개의 구별된 단위로 표현될 것이다. 이것이 사실이라면, 아시아의 지중해는 서양 해양세력으로 포위된 시대에도 핵심적 중요성을 가지고 있었지만, 독립적인 아시아 세계의 정치, 전략적 측면에서도 계속해서 엄청난 중요성을 가지게 될 것이다.

유라시아 대륙의 림랜드는 하트랜드와 대륙 주변의 해안 사이에 위치하기 때문에 중간 지역으로 봐야만 한다. 그곳은 해양세력과 대륙세력 사이에 존재하는 갈등의 거대한 완충지로 기능한다. 이들은 수륙 양면의 두 방향으로 기능하면서 육지와 바다에서 스스로를 방어해야만 한다. 그곳은 과거에 하트랜드의 대륙세력 그리고 영국과 일본 등 근해 섬들의 해상 세력에 대항하여 싸워야만 했다. 그곳의 수륙 양면적 성격은 그들의 안보 문제 때문에 생겨난 것이다.

근해 대륙 The Off-Shore Continents

구세계의 남동부와 남서부의 해안 쪽에는 두 개의 지중해가 놓여 있으며, 그 너머로 오스트레일리아와 아프리카 대륙이 뻗어 있다. 이 두 근해 대륙의 지위는 유럽과 아시아의 지중해를 통제하는 국가가 주로 결정한다. 매킨더는 아프리카의 거대한 사막지역을 해양세력이 접근할 수 없는 대륙 지역이며, 북쪽 하트랜드에 필적하는 남쪽 하트랜드로 규정하였다. 이러한 개념은 백인들이 침범하기 전의 아프리카의 정치사를 이해하는 데 어떤 가치를 가지고 있었다. 그것은 또한 구세계를 포위하기 위해서는 희망봉을 경유해야만 했던 시대에 영국과 러시아의 대립 상황에서 어느 정도 타당성이 있었다.

수에즈 운하의 완공 이후에, 이러한 해석은 모든 중요성을 잃었다. 그 지역은 해양세력의 침범으로 실제로 변형되었으므로, 이 지역이 해양세력에 침범당할 수 없다는 주장은 의미가 없어졌다. 두 지역 사이에 보이는 지리적 유사성에도 불구하고 남부 하트랜드는 북부 하트랜드와는 근본적이고 기초적인 측면에서 다르다는 것 또한 기억해야 할 것이다. 그곳에는 어떤 정치적 강대국도 없고 잠재적 강대국도 없다. 그곳은 초승달 지역에 압력을 가하는 외곽지역도 아니고 그랬던 적도 없다. 그러므로 그곳은 세계 지도 속에서 어떤 방식으로든 북부 하트랜드와 유사하게 기능하지 않는다.

세계 정치에서 두 근해 대륙의 중요성은 그들의 생산 능력과 결과적으로 힘의 잠재성을 제약하는 기후 조건에 의해 제한된다. 아프리카의 대부분 지역은 열대지역이며, 극단적으로 건조하거나 극단적으로 습한 곳이다. 이 대륙은 최남단을 제외하고는 세계적으로 중대한 영향력을 끼칠 수 있는 정치적 단위를 형성하는데 필요한 자원들을 가지고 있지 않다. 마찬가지로 오스트레일리아의 사막 지역은 너무나 광범위해서, 이를 제외한 지역은 크기도 작고 최고의 세력을 형성하는 데 요구되는 자원도 없다.

유라시아 정치의 역동성

매킨더는 유라시아 대륙의 정치적 행위의 일반적 패턴을 하트랜드의 유목민이 림랜드 국가 쪽으로 압력을 가하는 것이라고 보았다. 중앙 저지대 초원을 배회하는 유목민들이 러시아 국가라는 조직화된 세력으로 교체되었을 때에도, 동일한 패턴은 지속되었다. 제국은 해양으로 접근하고자 하였지만, 19세기 유라시아 연안 지역을 가로질러 확장하고 있던 영국이라는 해양세력에 의해 길이 막혔다. 대영 제국은 우세한 해군력을 바탕으로 해양 순회로를 따라 유라시아 대륙을 포위하고 있었기 때문에 그 위상을 유지하고 있었다. 이러한 위상은 대륙의 연안 지역에서 경쟁적 해양세력이 출현하거나, 러시아라는 대륙세력이 해안으로 침투할 경우 위협받을 수 있었다.

매킨더는 유럽에서의 모든 갈등이 대륙세력 대 해양세력의 경쟁이라는 패턴을 따라야만 한다는 사실을 너무나 확신하여, 1919년 이제 막 종결된 전쟁의 진면모는 러시아가 패배할 때까지는 알 수 없었다고 주장하였다. 해양세력 영국은 하트랜드를 지배했던 대륙세력에 대항하여 싸워왔던 것으로 생각될 수 있다. 그의 해석에서 대륙세력인 프랑스의 역할은 조금 가혹하게 보이고, 동부 전선에서 러시아가 저항한 3년의 시간을 무시하는 것도 이상하다.

그러나 모든 훌륭한 지정학적 분석들처럼, 매킨더의 연구에서는 특정한 시기와 특정한 기준틀 내에 존재하는 세력들을 하나의 그림으로 표현했다. 그것은 1907년 영러협상이 이루어지기 이전인 1904년에 처음으로 만들어 졌는데, 이전 세기에 있었던 러시아와 영국 사이의 갈등에 강한 영향을 받았다. 1919년 그의 책 《민주주의의 이상과 현실》이 출판되었을 때, 대륙세력 러시아와 해양세력 영국 사이의 피할 수 없는 역사적 적대감이 다시금 강조되었다. 사실 우리가 이 두 나라 사이의 적대감이 결코 피할 수 없는 것이 아니라는 것을 깨달을 때, 역사 이론의 무조건적인 적용으로 인한 오류를 알아볼 수 있었다. 실제로, 19세기와 20세기의 3개의 엄청난 세계전쟁 즉, 나폴레옹 전쟁, 1차 세계대전, 그리고 2차 세계대전에서 러시아 제국은 나폴레옹, 빌헬름 2세 그리고 히틀러에 의해 주도된 림랜드 세력에 대항하

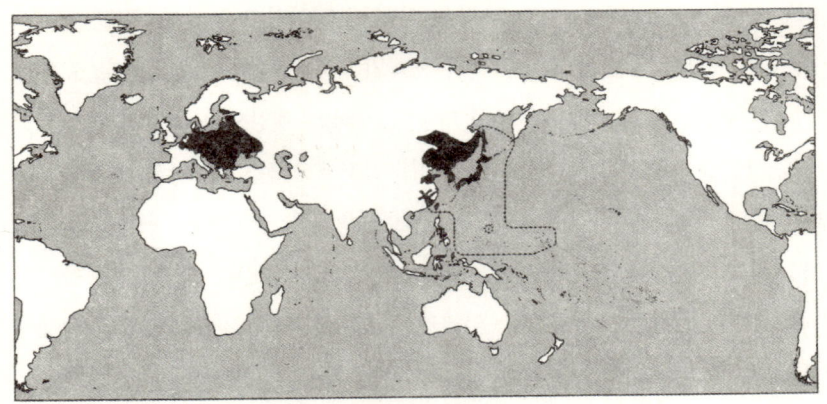

[지도 37] 1914-1921년 독일과 일본의 최대 팽창 상황

여 함께 싸웠다.

즉 단순한 대륙세력, 해양세력 간의 대립은 없었다. 역사적인 대치 상황은 항상 림랜드 구성원과 영국과의 연합세력 대(對) 림랜드 구성원과 러시아의 연합세력, 또는 영국과 러시아의 연합세력 대 지배적인 림랜드 세력이었다. "동유럽을 지배하는 자가 하트랜드를 지배한다. 하트랜드를 지배하는 자가 세계섬을 지배한다. 세계섬을 지배하는 자가 세계를 지배한다"라는 매킨더의 격언은 틀렸다. 구세계의 힘의 정치에 대한 슬로건이 있어야 한다면, 그것은 "림랜드를 지배하는 자가 유라시아를 지배한다. 유라시아를 지배하는 자가 세계의 운명을 지배한다"가 되어야 할 것이다.

이미 미국은 30년 내에 두 번이나 전쟁에 참가했고, 매번 우리의 안보를 위협했던 것은 유라시아 림랜드가 하나의 세력에게 지배될 것이라는 가능성이었다. 1917년까지 독일이 동부에서 러시아에게 성공을 거두고 1918년 3월 브레스트-리토프스크 조약을 체결하면서 그 기세가 최고조에 이르면서 대서양 연안에서 독일의 우월한 지위가 성공적으로 관철될 것으로 보였다 (지도 37). 동시에 일본은 원칙적으로 영국 및 미국과 동맹 관계에 있었음에

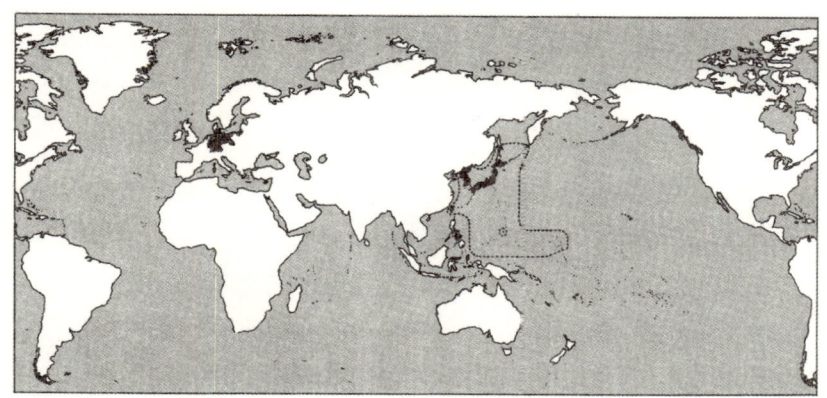

[지도 38] 제1차 세계대전의 종결

도 극동 지역에 대한 완전한 지배력을 확보하려고 시도하고 있었다. 1915년 1월에 중국에 21개조 요구조약을 압박함으로써 그들의 작전은 시작되었다. 이후 1918년, 일본은 연합군의 시베리아 침략에 참여했고, 그곳에서 계속적으로 이익을 추구해 나갔다. 만약에 이에 대한 반격이 없었더라면, 일본은 아시아의 림랜드에 대한 완전한 지배권을 가진 채 전쟁에 나섰을 것이다.

1921-22년의 워싱턴 회의를 통해서 일본은 산둥반도와 시베리아에서 철수해야 했을 뿐만 아니라, 21개조 요구라는 극단적 주장을 부분적으로 철회해야만 했다. 1차 세계대전을 종결지은 베르사유 조약보다 워싱턴 조약을 살펴보면, 특정 세력투쟁의 승리를 통해 우리가 적대 세력을 상대적으로 작은 영토로 축소시켰다는 것을 알 수 있다.(지도 38)

그러나 그들이 림랜드를 지배하고, 잠재적 힘을 팽창하려는 정책을 재개하는 데에는 그렇게 오랜 시간이 걸리지 않는다. 1931년 일본인들에 의해, 1936년 독일인들에 의해 본격적으로 시작된 노력이 지속되어 2차 세계대전에 이르렀다. 이 시기 최대 팽창 시점은 독일이 다카르에까지 간접적으로 손을 뻗고, 일본이 뉴기니와 오스트레일리아 사이에 있는 토레스 해협에까

IV 유라시아의 정치 지도 89

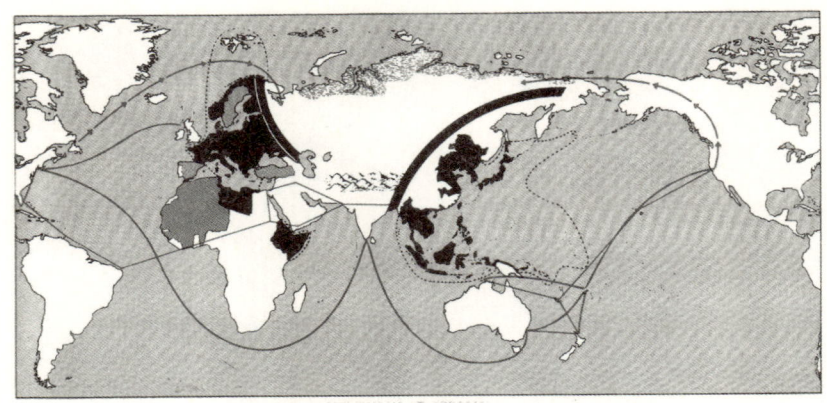

[지도 39] 1931-1942년 독일과 일본의 최대 팽창 상황

지 지배력을 획득한 시기였다.(지도 39)

    2차 세계대전 과정은 유럽의 세력 균형이 세계 평화와 안녕에 얼마나 중요한지를 확실하게 보여준다. 최근 매킨더가 하트랜드 개념을 표현[4]한 것을 보면 림랜드의 지배적 중요성과 이 지역에서 독일의 성장을 방지하기 위한 영국-러시아-미국 간 협력의 필요성을 인식하고 있다. 그는 하트랜드의 경계를 예니세이강 쪽으로 옮기고, 중앙 시베리아 초원지역을 덜 강조함으로써 자신의 개념을 미묘하게 수정하였다. 이제 소련의 힘의 중심은 실제 지리적 중심지인 우랄산맥의 서쪽에 위치한다. 하트랜드는 림랜드보다 덜 중요해졌으며, 유럽의 해안, 더 나아가 세계의 주요 힘의 관계를 지배하게 될 것은 대륙세력과 해양세력의 협력, 즉 영국, 러시아, 그리고 미국의 협력이다.

---

4   H. J. Mackinder, "The Round World," *Foreign Affair*, July, 1943.

V
안보 전략

오늘날 연합국이 싸우며 승리하고 있는 전쟁은 물리적 측면에서 유럽과 아시아의 림랜드 연안을 통제하기 위한 전쟁이다. 우리의 목표는 서구 문명에 반하는 이상과 원칙을 가진 패권 국가들이 유럽과 아시아 지역을 지배하는 일이 생기지 않도록 하는 것이다. 우리는 거의 승리할 뻔했던 독일과 일본을 완전히 패배시켜야만 우리의 독립과 민주적, 윤리적 기준을 보존할 수 있다는 것을 알고 있다. 아울러 우리는 전면전에 필요한 수준의 군사력을 사용해야만 전쟁에서 성공할 수 있다는 것을 알고 있다. 평화를 위한 우리의 노력은 국제 사회의 속성과 우리나라의 지리적 위치로 인해 형성된 안보 상황을 보전하기 위해 우리가 힘을 어떻게 사용하는가에 따라 효과를 나타낼 것이다.

우리는 전시에 성공적인 작전 수행을 결정짓는 바로 그 전략의 원칙에 따라 평시의 군사훈련이 이뤄진다는 점에 유의해야 한다. 제2차 세계대전으로 우리는 전쟁 전의 상황에서 고정된 것으로 받아들였던 전술과 무기들을 재평가하게 되었다. 전격전 전술의 개발과 공중전의 증대는 전장의 병력 운용에 영향을 미쳤고, 세계 도처의 전략적 지점의 의미도 바꿔 놓았다. 그러한 변화는 평시 전략뿐만 아니라 전시 전략에도 영향을 미치고 있다. 세계 전쟁의 특징에 대한 개관으로 우리는 민주적 제도에 대한 최근의 위협이 반복되는 것을 막고, 적어도 안보를 지키기 위해 제3차 세계대전에 나서야 하는 상황의 재현을 지연시킬 수 있는 행동 지침을 확보할 수 있을 것이다.

세계 전쟁

세계 전쟁은 세계 평화와 마찬가지로 모든 전선과 지역이 상호 연관되어 있음을 의미한다. 전선과 지역이 서로 멀리 떨어져 있더라도, 한 곳에서의 성공이나 실패가 다른 곳의 성공과 실패에 직접적이고 결정적인 영향을 미친다. 따라서 세계를 전체적으로 보고 모든 전역戰域의 상황을 고려하여 승리를 위해 취해진 조치들을 평가하는 것이 필요하다. 개별적인 지역으로 보이지만, 유럽 및 극동 지역은 하나의 작전 지역을 이루는 부분이다. 따라서 전쟁의 대전략은 세계의 힘의 중심지들 간의 밀접한 관계의 측면에서 검토되어야 한다. 우리는 그 힘의 중심지들이 북미의 대서양 연안 지역, 유라시아의 유럽 연안 및 극동 해안 지대, 그리고 장차 힘이 증가할 수도 있는 제4의 작은 구역인 인도 등으로 구성된다는 것을 확인했다.

지리는 미국에 비해 10배에 달하는 인구와 2.5배의 면적을 가진 유라시아의 잠재력이 서반구 중심의 힘을 능가할 수 있다는 것을 분명히 함으로써 이 지역들 사이의 관계의 본질을 규정했다. 현 시점에서는 신세계의 산업 생산성이 구세계의 산업 생산성과 거의 균형을 이루기는 하지만, 통합된 유라시아의 림랜드 세력을 상대해야 하는 일이 생긴다면, 미국은 저항할 수 없는 보다 우세한 힘에 둘러싸여 있음을 알게 될 것이다. 따라서 평화 시기든 전쟁 시기든 미국의 주된 정치적 목표는 구세계의 힘의 중심들이 연합하여 미국의 이익에 반하는 통일체를 형성하는 것을 막는 것이어야 한다.

전쟁에서의 승리라는 목표를 달성하기 위해서 미국은 지난 수백 년 동안 유지해 왔던 해군력에 의존한 전통적인 정치 및 군사전략을 변경할 필요가 있다고 생각하게 되었다. 미국과 영국은 공히 지상전의 중요성과 육군력 사용이라는 현실을 받아들여야만 했다. 다행히 미국과 영국은 유럽의 소련과 극동의 중국을 동맹으로 받아들였고, 그 국가들은 지상에서 전쟁을 계속 수행할 대륙 기지를 제공해 주었다.

1939년 이후의 전쟁 과정을 통해 해군력과 공군력이 지상전에서의 승패를 결정짓는 수단이 되었다는 것이 분명해졌다. 지상의 기지가 없으면 선박이든 항공기든 제 기능을 수행할 수 없기 때문에, 지상 기지들의 역량이 언제나 결정적인 요인이 될 것이다. 이것은 적어도 군용기의 운항 거리가 적의 본토 기지를 공격한 후 돌아올 수 있을 만큼 연장될 때까지는 사실일 것이다. 그렇게 되기 전까지는 적 공군에 대한 공격을 수행하기 위한 전진 기지가 필요할 것이다. 그러한 기지들을 적이 우세한 지역까지 확장하는 것은 전투기의 운항 거리에 달려 있을 것이다. 왜냐하면 전투가 벌어지는 지역에 전투기를 투입해야 적의 결정적 작전에 맞서 기지들을 유지할 수 있을 것이기 때문이다. 태평양에서의 전투 과정은 이러한 원칙을 완벽하게 보여주었다. 우리는 기지의 전진 속도가 전투기의 방어선을 넘어서지 않도록 섬에서 섬으로 천천히 전진해 나갔다.

공군력은 단순히 항공기만을 의미하는 것이 아니고, 항공기와 기지를 함께 말한다. 기지는 공군력에 의해 방어되어야 하고, 공군력은 기지에 의해 방어되어야 한다. 따라서 현대전에서 국가의 성공 여부는 공군, 해군 및 육군 간의 협동 정도에 따라 달라지며, 이것은 결국 가장 중요한 요인인 군수軍需에 의해 좌우될 것이다. '군수'라는 낯선 용어는 제2차 세계대전에 관한 모든 대중적인 문헌에서 반복되어 나오면서 그 이후 대부분의 사람들에게 익숙해졌는데, 군대의 기본적인 보급 문제를 가리킨다. 오늘날 군대 장비는 규모와 중요성이 커졌고 전장이 전 세계로 확대되었기 때문에, 군수가 전쟁에서 가장 중요한 문제가 되었다. 오늘날 군대에 무기를 공급하기 위해 운송해야 하는 화물량은 전 세계 수백만 명의 인원들이 거의 초인적인 작업을 해야 할 정도이다. 연합국은 무기, 군수품 및 식량을 전투 부대로 운송하기 위해 철도, 화물차, 상선, 수송기 그리고 낙타에서부터 달구지에 이르는 다양한 원시적 운송수단 등을 이용하고 있다. 전선으로 떠나는 각 군인들에게 필요한 6톤에서 10톤의 군수품을 운송하고, 전선에 있는 각 군인들에게 전투에 필요한 1톤의 군수품을 매달 지원하는 것과 관련된 문제들은 엄청난 일로, 최고의 묘책을 요구한다.

  현대 군사전략을 주제로 다룬 많은 저자들은 대부분의 군수 문제에 대한 해답을 수송기에서 찾고 있다. 그들은 많은 양의 화물을 운반할 수 있는 큰 항공기가 증기선과 철도를 대체할 것이라고 주장했다. 전쟁의 과정과 산발적으로 공개되어 있는 수치들을 보면, 부분적으로나마 오늘날의 전투 부대가 필요로 하는 군수의 양이 엄청나다는 것을 알 수 있다. 전쟁의 과정과 그 수치들은 항공기가 속도가 느린 수송 수단을 지원하고 보완할 수는 있지만, 대체할 수는 없을 것임을 보여준다. 어느 한 지역으로 공군력을 투입하는 것은 단순히 항공기가 그곳으로 이동해 가야한다는 것뿐만 아니라 작전에서 운용되어야 한다는 뜻이다. 그것은 잘 갖춰진 공급라인을 의미하는데, 중간기지, 엄청난 양의 특수 휘발유, 폭탄, 탄약, 예비부품, 예비엔진, 정비인력, 지상군, 대공방어 등으로 구성된다. 항공기로 모든 필요 물품을 수송한다고 보면, 오늘날 어느 국가도 자급자족할 수 있는 공군력을 갖고 있지 않다. 이러한 점에서 독일이 다른 국가들보다 공급라인에서 멀리 떨어져 있기는 하지만, 유럽 내에 있는 독일인들의 작전 지역은 매 100마일 정도마다 공군 기지가 있는 육상지역이고, 세계에서 가장 밀도가 높은 철도와 도로망으로 연결되어 있다.

미국은 그들이 속한 대륙의 주변에서가 아니라 대양의 거리만큼 떨어져 있는 해양 지대와 극지방의 불모지를 가로지르는 데 효과적인 공군력을 만들어야 했다. 항공기가 미국의 화물 운송에 중요한 역할을 담당할 수는 없었다.

푸른 하늘을 향해 치솟는 항공기는 자유와 공간 정복의 상징일 수 있다. 항공기는 인간이 더는 지상에만 머무르지 않을 것을 나타내는 것일 수 있다. 하지만 이 모든 것은 시적으로는 아름답더라도 현실이 아니다. 우리의 공군력을 보여 주는 항공기는 보이지 않는 끈에 의해 작전 기지, 텍사스 유전 지대의 목재 유정탑, 콘크리트 산과 같은 발전댐 그리고 가이아나의 진흙투성이 강을 따라 분포하는 보크사이트 광산에 이르기까지 얽매여있다. 날아오르는 항공기의 자유는 기만적이다. 항공기가 비행을 위해 이륙할 수 있는 것은 트럭이 가솔린, 윤활유, 탄약을 철도 창고 및 항만과 부두에서 운반해 왔기 때문이다. 유럽과 아시아에 있는 미국 공군은 열차와 선박으로 연결되는 해상 수송로의 끝에서 공군력이 된다. 그리고 미국 공군에 맞선 가장 성공적인 독일의 무기는 빠르게 이동하는 메서슈미트[1]나 강력한 융커스[2]가 아니라 걸프항에서 멀리 떨어진 전장까지 느리게 이동하면서 우리의 유조선을 침몰시킨 잠수함이다.

현대의 세계 전쟁은 거대한 유라시아 대륙 주변의 해군 기지만으로는 제2차 세계대전의 승리가 나올 수 없음을 보여 준다. 우리는 지상전에서 나타난 것처럼 육군력의 실재를 받아들여야 했다. 해·공군력은 지상에서의 승패를 결정짓는 수단이 되었다. 그러한 진실에서 도출된 당연한 결론은 모든 전투 부대 간의 완전한 협력이 필요하다는 것으로, 그래야만 그 전투 부대들이 승리를 위한 하나의 공격 무기로 결합할 수 있다. 이러한 불가피한

---

[1] 독일의 항공기 공학자이자 설계자 메서슈미트(Willy Messerschmitt)의 이름을 딴 항공기. **역주**
[2] 독일의 항공기 설계자 융커스(Hugo Junkers)의 이름을 딴 항공기. **역주**

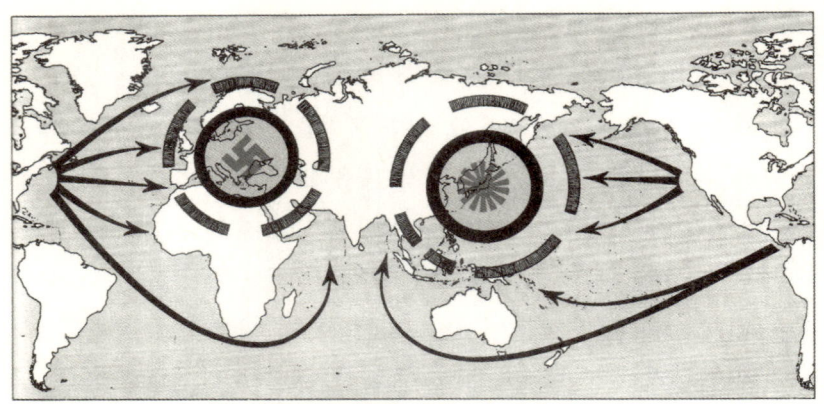

[지도 40] 단일세력 대 연합세력

필요조건에 대한 느리고 이따금 고통스러운 학습을 통해 우리는 제2차 세계대전의 전투에서 승리할 수 있었다.

제2차 세계대전의 전략 패턴

이러한 현대 전쟁의 기본 전략 원칙을 감안해서, 우리는 제2차 세계대전의 실제 전투 패턴을 검토할 수 있다. 각각의 전역에서 하나의 세력으로 활동하는 적에 맞서 연합군으로 전쟁을 치러야 한다는 것은 처음부터 명확했다(지도 40). 일본과 독일에게는 통합된 지휘와 하나의 지배적인 전략적·정치적 구상이 있었다. 우리는 일정 정도 군 지휘체계를 통합했던 지중해에서 성공했다. 전쟁을 치르면서 연합군의 목적과 지휘가 보다 더 통합되기는 했지만, 그 통합은 전쟁이 끝나면서 혹독한 시험을 치르게 될 것이다. 목적이 그다지 통합되어 있지 않은 연합국 측은 적과 평화교섭을 해야 하는데, 그 적은 분명 패배했겠지만, 가능한 한 최상의 평화 조약을 얻어내겠다는 하나의 목표로

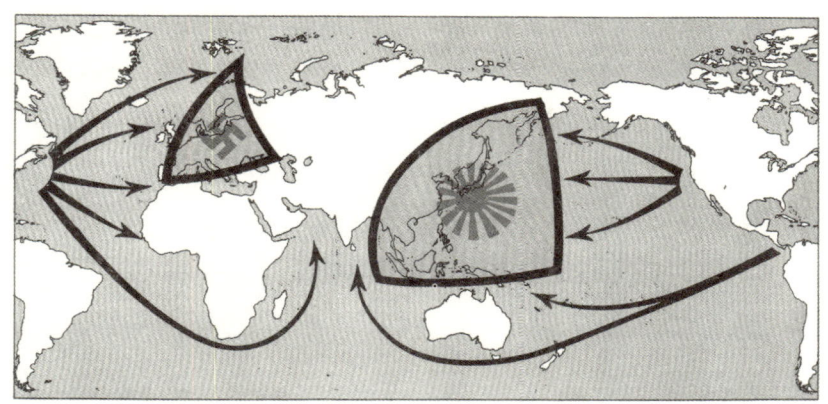

[지도 41] 1943년의 전장

통합되어 있을 것이 확실하다. 연합해서 평화 조약을 성공적으로 타결하는 것이 연합해서 전쟁을 치르는 것보다 훨씬 어렵지만, 우리의 목표를 달성하려면 연합해서 협상에 나서야 한다.

지도를 군사적 측면으로만 보면, 우리는 두 개의 삼각형으로 보이는 두 개의 주요 전투 지대가 있었음을 인지할 수 있다(지도 41). 이들 각각의 전투 지역은 육지와 바다를 모두 이용할 수 있는 두 개의 전선과, 육지만 이용할 수 있는 하나의 전선을 갖고 있다. 이러한 상황이 갖는 첫 번째 중요한 점은 두 개의 전장과 관련해서 러시아의 위치와 미국의 위치가 커다란 유사점과 차이점을 갖고 있다는 것이다. 소련은 두 개의 전장 사이에 자리 잡고 있지만, 육지로 연결된 곳에 위치해 있다. 반면에 미국은 두 개의 전장 사이에 자리 잡고 있지만, 해양으로 단절되어 있다. 그러므로 양국의 군수 문제는 다르다. 하지만 양국 모두 두 개의 전장 중 어디에 집중해야 할 것인가와 관련해서 정치적 결정을 내려야 한다는 점에서 기본적으로 같다. 양국은 모두 그들의 주된 관심을 유럽의 삼각지대로 돌렸다.

연합국과 두 개의 전투 전선을 연결하는 병참선은 상당히 길다. 독일과 일본은 내부의 공급 라인을 운영할 수 있다는 분명한 장점을 갖고 있었다. 이는 각국의 군사 및 정치적 지휘가 하나의 통합된 정부에서 나온다는 사실과 더불어 공급 라인이 짧고 쉽게 통제될 수 있었음을 의미한다. 그러나 독일과 일본은 1941년 이후로 두 개의 다른 전선에서 벌어지는 두 가지 유형의 전쟁, 즉 대륙 전쟁과 수륙양면 전쟁에 개입되어 있다는 사실 때문에 큰 곤란을 겪고 있었다. 러시아와 중국의 대륙세력과 영국과 미국의 해양세력은 독일과 일본이 동시에 두 개의 전선에서 두 가지 종류의 전쟁을 수행하도록 만들었다.

적들은 내부 라인을 따라 작전을 수행하는 이들에게 제시된 일반적인 전략 원칙을 따르려 했다. 즉, 적들은 하나의 전쟁을 끝내고 다음 전쟁을 수행하려고 했다. 적들이 성공하지 못한 것은 다행이었다. 일본은 앵글로색슨 강대국들과 대결하기 전에 중국을 극복하지 못했다. 독일은 프랑스를 공격하기 전에 폴란드를 이겼고, 소련을 상대하기 전에 프랑스를 이기는 데 성공했지만, 소련에 대한 공격을 감행하기 전에 영국을 처리하는 데 실패했다. 결국 독일은 미국이 전쟁에 가담했을 때 영국과 러시아와 전쟁을 벌이고 있었다. 이러한 실패로 전쟁은 전환점을 맞게 되었다.

미국이 전쟁에 가담했을 때 맞닥뜨린 가장 큰 문제는 다른 전투 지역에 있는 두 개의 수륙양면 전선에서 효과적으로 전투력을 활용할 방법을 강구하는 것이었다. 오직 해전만이 중요하다고 생각하는 앵글로색슨의 두드러진 편견에도 불구하고, 우리는 러시아와 중국의 육군력이 영향을 미치는 육지의 전장도 매우 중요하다는 것을 자각했다. 유럽의 해안과 태평양의 섬에 상륙했더라도, 러시아와 중국의 전선이 없었다면 독일과 일본의 힘을 물리치기에 충분하지 않았을 것이다.

우리의 대륙 동맹국들은 두 개의 지상 전선 공간을 전략적으로 사용했기 때문에 패배하지 않았다(지도 42). 동맹국들은 군대를 온전하게 유지하

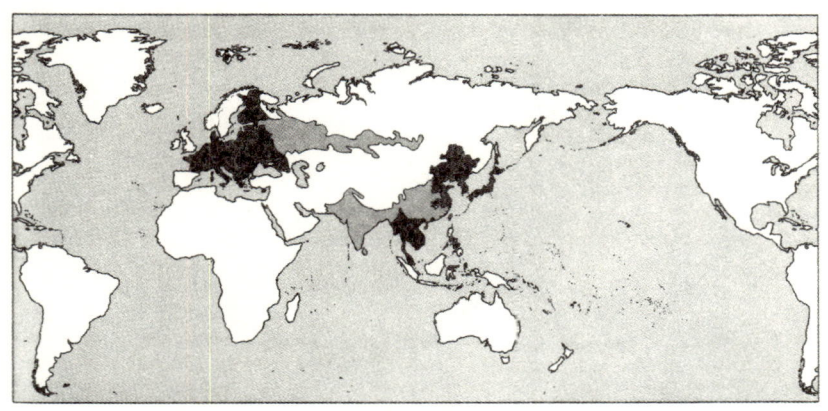
[지도 42] 공간 대 힘

면서 영토의 내부로 깊숙이 퇴각할 수 있었다. 그러나 그와 같은 방어적인 공간의 사용은 퇴각하면서 포기하는 지역이 잠재적 힘의 관점에서 특별한 의미가 없거나, 내부로 퇴각한 후에도 외부로부터 도움을 받을 수 있는 경우에만 제한 없이 수용될 수 있었다. 러시아의 힘은 우랄산맥의 서쪽으로 매우 광범위하게 분포해 있었고, 중국의 힘은 대부분 해안 지역에 놓여 있다. 따라서 대륙에서의 전투 전선은 자국의 힘만으로는 유지될 수 없었고, 미국과 영국의 군수로 보강되어야만 했다. 러시아와 중국의 육군은 당연히 전체 연합국 전쟁 계획의 일부였다.

이러한 사실은 러시아와 중국에 대한 재화와 군수의 공급선이 우리의 전쟁 수행에 있어 매우 중요하며, 처음 2년 동안 우리가 이용 가능한 경로의 확보에 많은 에너지를 쏟아야 했음을 의미했다. 러시아로 들어가기 위해 유라시아 대륙의 육지에 갇혀 있는 하트랜드 지역에 접근해야 했다. 구세계의 지형을 통해 이 지역으로의 통항로가 극히 소수이고, 그것마저 제한적이라는 것을 알게 되었다(지도 43). 전쟁의 초기에 독일과 일본이 빠르게 전진하면서 우리의 육상 접근을 거의 완전히 어렵게 만들었기 때문에, 전투

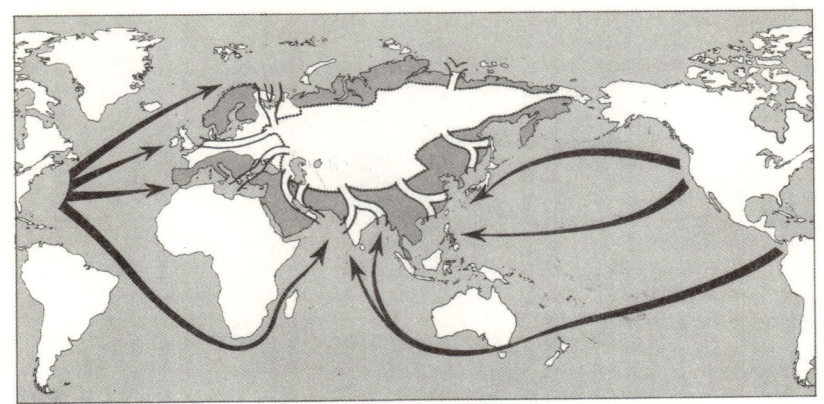

[지도 43] 하트랜드의 관문

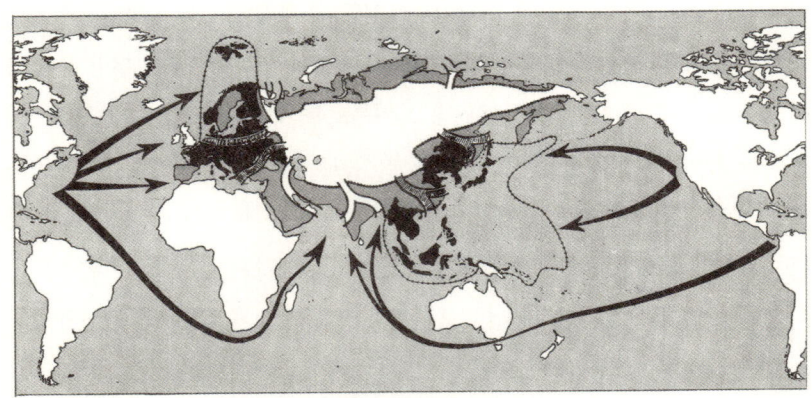

[지도 44] 추축국이 형성한 장애물

첫해에는 단지 북극과 인도양만이 계속 이용할 수 있는 통로로 남아 있었다(지도 44). 그러나 그 항로들의 유용성도 기후 및 지형적 조건으로 인해 제한될 수밖에 없었다. 동맹국들이 유럽의 지중해 연안으로 이동할 수 있게 되면서, 인도양 노선이 더욱 유용해졌다. 그러나 극동 지역에서는 일본이 힘을 확장하면서 우리는 러시아 및 중국과 거의 완전히 단절되었다. 러시아와 인도로부터 중국으로 가는 육로는 기능에 한계가 있어서, 중국 군대에 필요한 양의 군수물자를 제공하는 데 사용할 수 없었다. 일본을 패배시키는 것은 대체로 이러한 상황을 효과적으로 극복하는 것에 달려 있다.

유라시아 갈등 지역

제2차 세계대전동안 우리는 효과적으로 전략적 지점을 차지하기는 했지만, 전략적 지점의 본질을 결정짓는 기본적인 지리적 요인들은 전쟁을 성공적으로 마무리하더라도 제거되지 않을 것이다. 이번 전쟁의 전투 지대를 구성했던 힘의 중심지들은 계속해서 평화를 조성하기 위한 전략 지역이 될 것이다. 대체로 세계의 안전과 특히 서반구의 안전을 유지하거나 해치는 것은 평화 시기에 이들 지역 내 힘의 요소들 사이의 관계이다. 이러한 이유로 미국은 이 지역에서 어떠한 압도적인 세력도 부상하지 않도록 하면서 자국의 입지를 지켜야 한다. 우리는 이러한 목적을 무력으로 달성했다. 그리고 전후에는 싸우지 않고도 동일한 목표를 달성할 수 있는 정책을 수행해야 한다. 유라시아 대륙의 정치적 관계를 판단하는 데 활용했던 지형적 특성에 대한 이전의 분석은 구세계의 잠재적 갈등 영역이 어디인지를 알려줄 것이므로, 그곳에 대한 정책을 수행해야 한다(지도 45). 동반구의 세력투쟁은 항상 하트랜드와 림랜드 간의 관계, 림랜드 내부 강대국들의 관계, 연안국에 대한 해양세력의 압력, 마지막으로 그러한 압력에 대한 서반구의 참여 등과 관련해서 일어났다.

우선 역사적으로 항상 하트랜드로부터 외부로 향한 강력한 군사 및 정치적 압력이 있었다(지도 46). 중앙아시아의 고대 부족민들은 중앙의 평원을 휩쓸거나, 아니면 림랜드 지역을 습격하거나 정복하기를 반복했다. 유럽

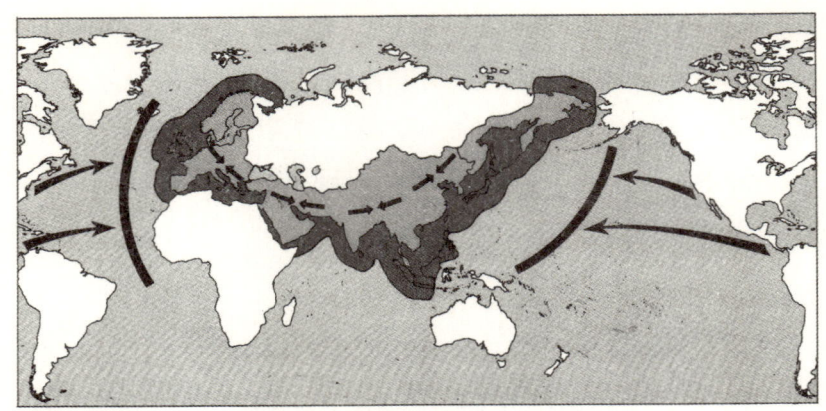

[지도 45] 유라시아 갈등지역

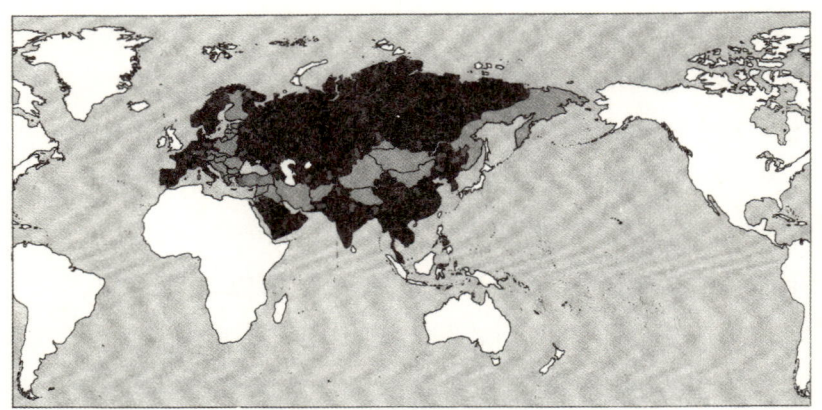

[지도 46] 하트랜드 대 림랜드

에서는 이러한 현상이 동유럽의 완충 지역에서 벌어진 튜튼족과 슬라브족 사이의 천년의 투쟁으로 표현된다. 근동에서는 러시아가 인도양에 접근하기 위해 투르크인과 영국인에 맞서 투쟁했다. 전후 시기에는 신장지역과 외몽골에 대한 지배와 영향력을 놓고 러시아와 중국 간의 계속되는 투쟁을 보게 될 것이다. 추정되거나 확인된 이 지역의 미네랄 매장량은 추가적인

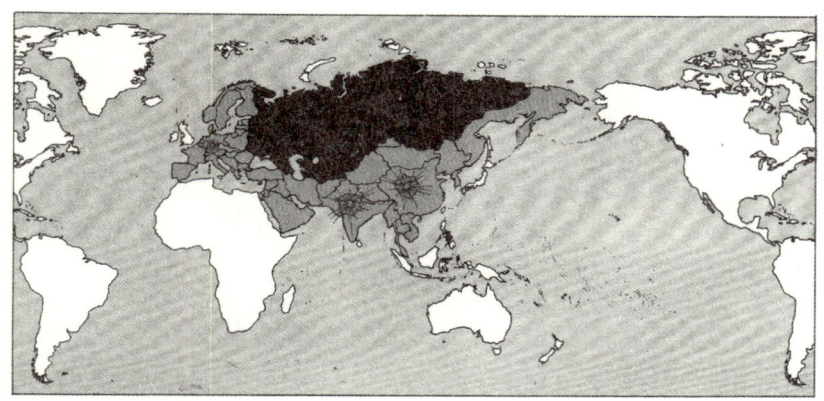

[지도 47] 림랜드 내부의 갈등

투쟁의 동기가 될 것이 분명하다. 실제로, 러시아의 림랜드에 대한 압력이 전후 안정의 중요한 요소 중 하나가 될 수 있다.

다음의 갈등 영역은 림랜드 내부에 있다.(지도 47) 유럽에서는 프랑스, 독일 및 동유럽 국가 간의 힘의 분배가 계속해서 중요할 것이다. 유럽이 다양한 국가들로 조직된 고도로 발달한 민족주의 지역이라는 사실은 평화적으로 급격히 바뀌지는 않을 것이다. 유럽 대륙에서 가장 큰 단일 잠재력을 갖고 있는 독일은 프랑스와 동유럽의 힘으로 균형을 이뤄야 하지만, 이들 세 지역의 어떠한 국가도 완전한 통제권을 갖도록 허용해서는 안 된다. 전후 시기 동안 세 개의 초강대국들의 임무는 힘의 분배가 적정하게 보전되도록 하는 것이다.

인도양과 유라시아 연안의 극동 지역에서는 민족주의의 성장과 그에 따른 민족국가들 사이의 긴장이 매우 중요해질 것이다. 대영 제국의 일부로서든 독립 국가로서든 인도는 인도양 해안의 지배적 세력이 될 것이다. 인도가 독립한 후에 통합에 실패한다면, 인도반도의 많은 작은 국가들 사이에 엄청난 충돌이 발생할 것이다. 어쨌든 영국의 혿은 아프리카 대륙과 오스트

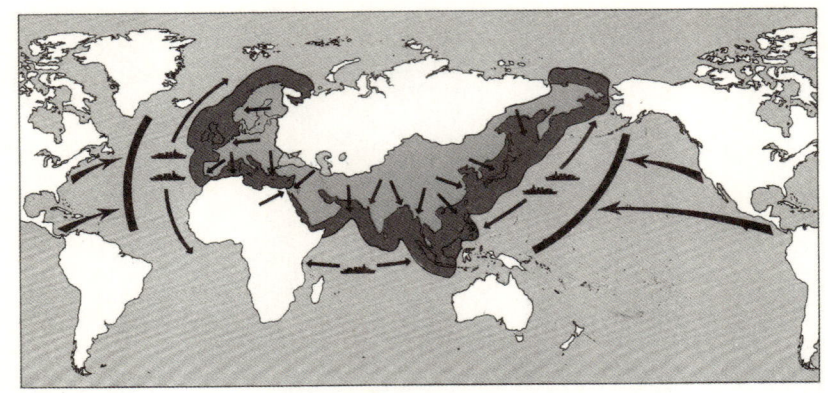

[지도 48] 해양세력 대 수륙양면 세력의 갈등

레일리아의 해안에 강하게 남아 있을 것이다. 한편으로 중국이 진정한 통일을 이루고 일본의 군사력이 완전하게 파괴된다면, 중국은 극동에서 지배적인 세력이 될 것이 분명하다. 북쪽의 러시아는 중국의 지위에 대해 대륙적 균형을 이룰 유일한 세력일 것이다. 서구의 강국들이 이 지역에서 어떤 영향력이라도 유지하려면, 그 국가들은 힘을 투사할 섬 기지를 구축해야 할 것이다. 중국의 국력 자원은 분명한 한계를 가지고 있기 때문에, 그러한 기지들은 아마도 극동을 완전히 지배하려는 중국의 향후 시도를 저지하기에 충분할 것이다.

영국과 미국 모두가 가장 직접적으로 관심을 보이는 지역은 유라시아의 해안과 그 해안을 둘러싼 연안해 사이의 영역이다(지도 48). 대영 제국은 대륙 주변으로 펼쳐진 연안해와 그것을 따라 길게 이어진 내륙을 통제함으로써 영국 제도에 위치한 해상의 본토로부터 전 세계적인 힘을 키웠다. 이런 방식으로, 영국은 수륙양면을 가진 림랜드에 봉쇄의 압력을 행사할 수 있었다. 1900년경까지, 영국은 자국의 해군력만으로 유라시아 대륙을 포위할 수 있었다. 19세기 말, 미국은 필리핀을 취하면서 남중국해까지 세력을 넓혔고,

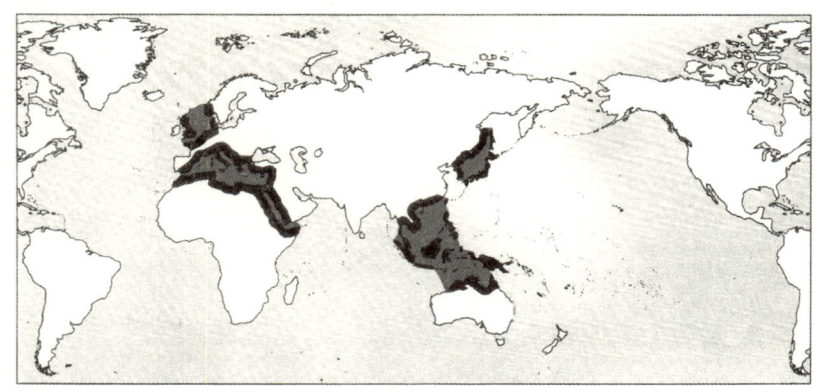

[지도 49] 공군력과 연해

1902년 이후 일본의 팽창주의자들은 영국이 극동에서의 통제 기능 중 일부를 일본에 넘겨주도록 이끌었다. 이제 대영 제국은 일본이 극동의 해상에 대한 배타적 통제권을 구축하지 못하도록 필사적으로 노력해야 한다.

세계 연해들 가운데 이 지역 연해만큼 항공력 발전의 영향을 많이 받은 지정학적 지역은 없다(지도 49). 더 이상 항공력 없이는 해군력을 효율적으로 운용할 수 없고, 항공기는 멀리 떨어져 있는 작은 지역에 배치될 경우 거의 힘을 쓸 수 없다. 이러한 이유로 대영 제국이 해군 기지로 이용하기 위해 선택하고 통제하는 많은 장소들은 대공 방어에 부적절하다. 지상 기지의 항공기가 항공모함 기반의 항공기보다 우위에 있다는 것 또한 명확해졌다. 이것은 경쟁 해군력이 지상 기지의 항공기 지원을 받지 못하도록 하는 경우에 비로소 자국의 해군력이 효과적일 수 있다는 것을 의미한다.

그러나 이러한 사실이 유라시아 대륙의 전체 연안을 반드시 유라시아에 기지를 둔 공군에게만 맡겨야 한다는 것을 의미하지는 않는다. 해군 작전에 대한 지상 기지의 항공 지원이 양측에서 가능한 중요한 지역들이 있다. 북아프리카와 이탈리아 전투에서 보여주었듯이, 공군력을 배치할 수 있는 반대편 해안을 갖고 있다면 이를 통해 구세계의 특정 지역들을 통제할 수 있다. 북해, 유럽 및 아시아의 지중해, 그리고 일본해(동해)가 이러한 식으로 고려될 수 있는데, 유라시아 연해의 반대편 해안에서 대륙의 공군에 맞설 수 있는 공군력을 지원할 수 있기 때문이다. 그러나 이것은 대륙의 공군 뒤에 있는 힘이 유럽과 아시아의 힘의 중심들이 통합된 것이 아닐 때에만 가능할 것이다. 그러므로 연해의 반대편 해안을 통제하는 국가들은 여전히 림랜드 지역을 하나의 국가가 지배하지 못하도록 막아야 한다. 추가적인 대책으로, 그 국가들은 림랜드 세력의 위협에 맞서 대륙의 지원을 얻기 위해 하트랜드 세력인 러시아와 동맹을 맺는 것이 바람직하다는 것을 알게 될 것이다.

미국의 대^對 유라시아 접근로

유럽 및 극동 지역에서 어떤 압도적인 세력도 형성되지 않도록 하는 것이 미국에게 이익이라면, 어떻게 이러한 정치적 목표를 달성할 것인가라는 질문이 제기된다. 미국은 평시에 이들 지역에 힘을 행사할 방법을 찾아서 세 번째 전쟁을 강요받게 되는 상황이 벌어지지 않도록 해야 할 것이다.

최근에 일부 지정학자들은 구세계로 가는 가장 직접적인 경로와 구세계에 가장 효과적으로 영향을 미칠 수 있는 경로가 항공기로 북극해를 가로지르는 노선이라고 주장한다(지도 50). 그들은 북극이 유라시아 대륙의 하트랜드로 가는 최단 경로를 제공할 것이기 때문에 향후 큰 교통 지대가 될 것이라고 주장한다. 캐나다 북부와 시베리아의 해안은 구세계와 신세계가 접촉하는 새로운 경계가 될 것이며, 미국은 이 지역에서 엄청난 공군력을 갖고 최고가 될 것이라고 본다. 빌얄마르 스테판손^{Vilhjalmur Stefansson}과 다른 용기 있는 탐험가들의 노력으로 북극 지역이 온통 얼어붙어 있는, 빙하

[지도 50] 북극항로

와 눈의 황무지인 것만은 아니고, 북극의 조건에 적응하면 그 어려움을 극복할 수 있다는 것이 널리 알려졌다. 러시아 정부는 시베리아 북부를 활발하게 탐사하고 개발하고 있으며, 캐나다 정부는 허드슨베이 컴퍼니를 따라 북부 땅으로 들어갔다. 전 세계의 사람들이 북쪽으로 가고 있고, 영원히 얼어붙어 있던 툰드라의 토양 아래에 있는 지하자원을 개발하고 있으며, 심지어 교목 한계선 너머에서는 보리를 재배하고 있다. 그러나 북극의 지중해와 그 주변 영토가 지구 표면에서 가장 열악한 지역이라는 사실은 변함이 없다.

세계의 많은 사람이 추운 북쪽이 아니라 저위도에 있는 미국의 동부 해안, 그리고 유라시아 대륙의 림랜드로 집중되는 것은 우연이 아니다. 인간은 언제나 보다 협조적인 환경을 선호할 것이다. 소비에트와 캐나다 정부가 수백만 명의 강인한 사람들을 동시베리아해와 캐나다의 코로네이션만의 해변으로 보내서 겨울을 지내도록 독려한다 하더라도, 그러한 이주가 현재의 인구 밀도 중심지를 바꾸지는 못할 것이다. 그 중심지들은 저위도에 머물러 있을 것이다. 대권항로의 관점에서 규정한다면 그들 사이의 왕래는 북극권을 가로지르지 않고, 뉴펀들랜드로부터 아일랜드에 이르는 현재의 항공로 주변의 대서양과 알류샨 열도 부근의 태평양을 횡단하면서 이루어질 것이다. 따라서 항공력은 새로운 전략적 중요성을 북쪽 국가, 특히 신세계로의 항공 접근 통로인 알래스카와 그린란드로 가져 왔지만, 북극해를 북대서양과 북태평양에 필적할만한 교통지대로 만들지는 못할 것이다.

우리는 그린란드와 알래스카의 새로운 중요성을 인정하지만, 그에 대한 이유를 이해해야 한다. 그 이유는 북극해의 경제 지형이 아니라 발트해와 일본해(동해)의 군사 지형에 있다. 우리는 전쟁 기간에 다른 선택이 없었기 때문에 알래스카를 거쳐 시베리아와 중국으로 가고, 아이슬란드와 무르만스크를 경유하여 유럽의 러시아로 가야 했다. 일본의 해군력은 우리 선박을 블라디보스토크와 중국의 해안 도시에 묶어 두었고, 독일의 육군력은 우리 함대를 발트해에 묶어 두었다. 사실, 북쪽 경로는 적을 피한 우회로이다. 우회로가 존재하고 운항할 수 있다는 것은 중요한데, 충칭重慶으로부터 시베리아와 알래스카를 경유하여 미국으로 돌아온 윌키Wendell Willkie는 추축국들이 유럽과 아시아의 거대한 영토를 정복했음에도 불구하고 연합국이 여전히 해로뿐만 아니라 항공로로 우회할 수 있었다는 사실을 극적으로 보여준다. 그러나 단 한 번의 비행으로 항공로가 만들어지는 것은 아니고, 일일 비행 운항 수를 늘린다고 해서 많은 전쟁 물자를 나를 수 있는 것도 아니다.

미국이 북극해를 가로질러 발휘할 수 있는 항공력은 매우 제한적일 것이며, 야쿠츠크와 딕슨 포인트$^{Dickson Point}$를 경유한 항공 수송으로 우리 동맹국에 도달할 수 있는 원조 물량은 소량일 것이다. 그렇다고 평화 시기에 북극 횡단 교통량이 상당한 수준으로 증가할 것 같지도 않다. 아주 특별하고 매우 제한적인 여객 서비스가 개발될 수도 있지만, 미국의 평야와 공장에서의 산출물들은 대권해로를 통해 유럽과 아시아의 시장으로 계속 수송될 것이다.

이러한 사실 때문에 미국이 구세계로 접근하기 위해서는 대서양과 태평양을 가로지르는 해양력 수단에 의존해야 한다. 이 접근로의 효율성은 미국 외교정책의 성격을 결정할 것이다. 대서양 건너편에 있는 미국의 물리적 위치가 다르다면 대륙으로부터 오는 위협에 대항하여 영국을 지원하는 의무를 수락하거나 외부로부터 오는 위협에 대항하여 대륙을 도와주지는 않을 것이다. 이 때문에 영국과 미국 사이에는 매우 긴밀한 협력이 절대적으로 필요하다. 대륙에 맞서거나 협력하는 활동의 기지로서 영국의 효율성은 역사에 의해 충분히 증명되었고, 영국은 세계 안보 확립을 위한 시도에 있어 불가분의 조력자이다.

이러한 점에서, 미국은 유럽 대륙과 관련해서 영국과 동일한 입장에 있다. 양국은 육군력 행사에 필요한 기지를 제공해 줄 수 있는 대륙의 동맹 없이는 군사력을 충분히 행사할 수 없다. 전후 프랑스의 위상은 협력해서 유럽의 안보를 보장할 수 있을 만큼 강해지지는 않을 것이 확실하다. 반면 러시아는 대륙에서 가장 강력한 육군세력이 될 것이기에, 러시아를 동맹국으로 삼는 것이 영국과 미국에 유리할 것이다. 사실 유럽의 림랜드에 대한 패권을 쥐려고만 하지 않는 한, 소련은 평화를 집행하는 데 있어 가장 효과적인 대륙 기지가 될 것이다. 동시에 러시아의 힘이 강하긴 하지만, 그 힘은 통합된 림랜드에 맞서 안전을 보장하기에는 충분하지 않을 것이다. 따라서 세 개의 초강대국은 함께 유럽의 상황에 대한 효율적인 보증인이 될 것이다.

그러나 미국은 또한 자국의 힘을 행사해야 할 수도 있는 지역에 보다 가깝게 위치하기 위해 대서양 건너편 지역에서 다른 기지를 찾을 것인지의 문제에 직면하게 될 것이다. 영국과 러시아와의 동맹만으로 미국이 안보체제에 대한 의무를 다할 수 있는 충분한 능력이 보장되지 않을 것이고, 세 강대국 사이의 세력 균형을 유지하는 데 필요한 충분한 힘이 제공되지도 않을 것이다. 그린란드, 아이슬란드, 다카르에 미국의 해군력과 공군력을 구축하는 것은 평화 정착 과정에서 미국의 지속적인 영향력을 확보하는 중요한 조치가 될 것이다. 이것은 미국의 힘이 바하마와 남아메리카까지 확장했던 방식, 즉 영토에 대한 주권의 이양 없이 기지 건설을 위해 토지를 임대하는 형식으로 이뤄질 수 있다. 그것은 제국주의적 팽창의 문제가 아니라 특정 전략 지역에서 필요한 균형을 잡기 위한 세력의 확립이라고 할 수 있다. 신세계의 강대국이 구세계에서 자국의 힘을 사용할 수 있는 지위를 획득한다면 미국뿐만 아니라 유럽 국가들의 안보에도 득이 될 것이다.

유라시아 대륙의 근해에서 미국의 그러한 활동은 필연적으로 일부 영국인의 반대에 직면할 것이다. 그것은 영국이 구세계로의 해양 접근을 독점 관리하던 특별한 지위를 잃는다는 것을 의미한다. 그러나 한편으로는 평화체제와 관련해서 영국이 우리에게서 구속력 있는 정치적 약속을 받는 것을 의미한다. 이 때문에 아마도 영국은 우리의 서반구 이외에서의 기지 획득을 환영할 것이다. 동시에 우리는 여전히 영국 해군의 통제하에 있는 지역을 통하지 않고서는 유럽 대륙에 접근하는 것이 어렵다는 것을 알게 될 것이다. 따라서 우리는 유럽 지역에서 지나치게 힘을 사용하는 것을 자제해야 할 것이고, 영국의 힘이 전후 전체 안보의 조성에서 가장 중요하다는 사실을 끊임없이 인식하게 될 것이다. 그러므로 미국을 유럽 안보체제 내의 자유롭고 독립적인 참가자로 생각하는 것보다, 영국과 러시아의 동맹국으로서 생각하는 것이 더 용이할 것이다.

태평양 너머 지역에서 우리의 의무와 이 의무를 이행하는 수단은 유럽의 그것과 매우 유사하겠지만, 상황은 다르다. 과거 아시아에서는 세력 균형에 대한 위협이 대륙 해안으로 접근하는 해상로를 통제하는 국가로부터 왔다. 이번 전쟁에서 일본이 패하면서 그들이 가지고 있던 해상 통제권도 잃게 될 것이고, 중국은 역내에서 가장 크고 강력한 국가로 남을 것이다. 필리핀, 자바 또는 버마의 독립은 이 지역에서 서구 국가들이 세력을 효과적으로 구축하는 데 달려 있다. 영국, 러시아, 미국의 힘은 균형을 유지하는 데 사용되어야 한다. 러시아와 대영 제국은 이미 자리를 잡았지만 미국은 힘을 효과적으로 운용할 기반을 갖지 못했다. 우리가 동양의 안보를 유지하는 데 진지하게 관심을 갖고 있고 우리의 안보를 위해 필요하다면, 대서양 건너 지역에서 획득한 것과 동일한 조건의 추가적인 해군과 공군 기지를 확보해야 한다. 최소한 위임 통치 중인 일부 섬에 기지가 있는 알래스카를 증강시키고 필리핀에서 군사력을 재건해야 할 것이다.

바람직한 미국의 외교정책

지정학적 분석의 틀 내에서, 미국은 지리적으로 포위된 것으로 보인다. 세력 자원의 분포를 보면 신세계보다 구세계가 힘을 행사할 가능성이 더 크다. 확실히 이러한 지리적 조건은 기술적 진보와 국민들의 심리적 수용력에 의해 일정 정도 조절된다. 100년 후 미국의 안보 문제에 대한 지정학적 분석은 현재와는 분명히 매우 다를 것이다. 그러나 현 상황을 보면, 유라시아 대륙의 유럽과 극동 지역에서 압도적으로 지배적인 힘이 정착하지 못하게 하는 외교정책을 통해서만 미국이 안전과 독립성을 유지할 수 있음이 분명하다.

미국은 전쟁 시기든 평화 시기든 유럽과 아시아의 세력 분포가 자국의 영원한 관심사임을 다시 한번, 그리고 영원히 인식해야 한다. 경험이 없고 성장하는 국가였을 때, 우리는 세계에서 차지하는 지리적 위치의 중요성을 잘 알고 있었다. 초기 정치가들은 우리가 유럽의 사소한 내부 싸움에 개입해서는 안 된다고 생각하며 주로 세계와 평화로운 관계를 유지하는 데에 관심을 가졌지만, 우리가 맡아야 할 중요한 역할이 있고 우리의 힘과 자원으로 그 역할을 해야만 한다는 것도 알고 있었다. 그들은 유럽 국가들의 행동이 우리에게 심각한 우환을 가져 오기 쉬우며, 우리가 독립성을 강력히 주장할 준비가 되어 있어야 하고 이익을 확실하게 보호해야 한다는 것을 이해하고 있었다.

우리가 대륙 차원의 강대국이 되고, 세계적 시각이 아닌 생소한 지역주의를 발전시키기 시작하면서 그러한 인식을 빠르게 잃어버렸다. 우리는 내부로 시선을 돌렸고, 정복되지 않은 내부 황무지의 개발, 이상적인 신세계의 건설, 그리고 심각한 지역 격차에 직면하여 단합을 지키는 문제 등에 사로잡혀 있었다. 제1차 세계대전 중에 우리는 한동안의 자기도취에서 벗어나 국제 사회의 험악한 현실을 직접 마주하게 되었다. 우리는 연합국을 적극적으로 지원했고, 유럽과 아시아에서 균형을 복원시켜서 안보를 재건하는 데 주된 역할을 했다. 그러나 여전히 우리는 우리가 겪었던 투쟁의 진정한 의미를 이해하지 못했다. 우리의 안전을 지키기 위해서는 유럽과 아시아의 정치에 기꺼이 협력해야 한다는 사실을 깨닫지 못했다. 우드로 윌슨 대통령은 우리에게 이것을 행할 훌륭한 기회를 제시했다. 국제연맹이 설립되었지만 우리는 그러한 기회 중 어떤 것도 갖지 못했다. 국제연맹을 조직하기

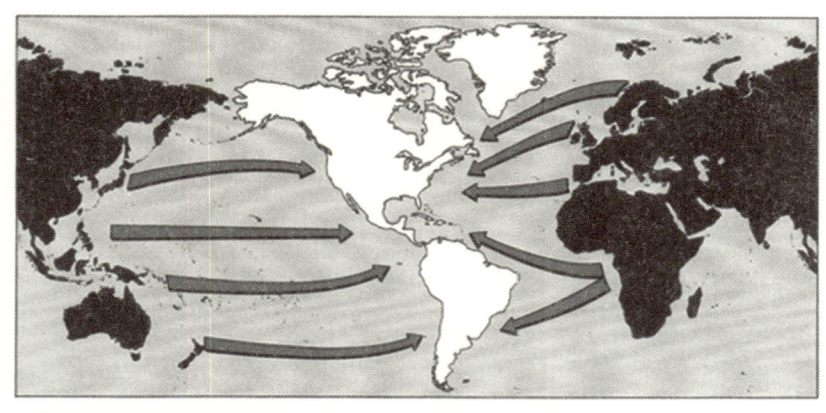

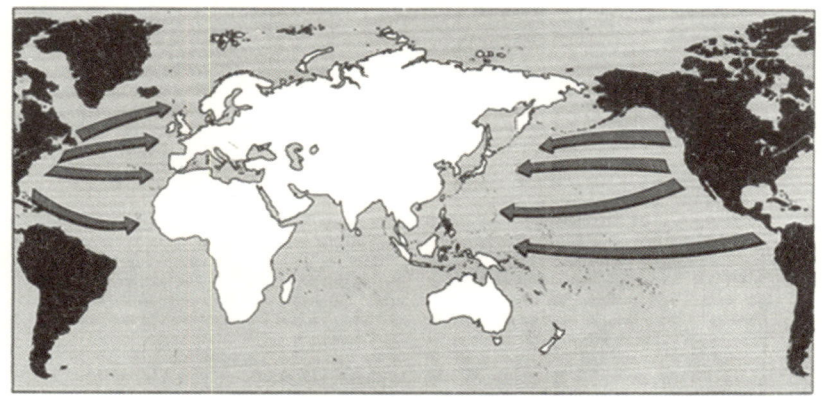

[지도 5] 서반구의 미래?

로 한 베르사유 조약은 완벽하지는 않았지만 우리가 돌아가야만 하는 심원한 사상과 정치적 개념을 구체화했다. 그것은 유럽과 아시아에서 일어나는 세력투쟁에 우리가 필히 참여해야 하는 도덕적이고 법적인 토대를 보여주었다(지도 51).

 언젠가 우리는 오늘날 많은 연구자들이 구상하고 있는 종류의 세계 질서를 갖게 될 수도 있다. 우리는 결국 세계 국가를 조직하고 개별 국가들의 독립된 주권을 폐지할 지도 모른다. 그때에도, 우리는 정치 사안에 있어 힘의 요소가 제거되지 않을 것이라는 점을 기억해야 한다. 그러나 그 순간이 올 때까지 우리는 독립적인 국가로 구성된 국제적 공동체를 예상해야 하는데, 그것은 동맹의 의무와 아마도 국제연맹에 필적할만한 국제기구의 의무로 결합될 것이다. 실제로 그러한 패턴은 1943년 10월 모스크바 회의에서 미국, 영국, 소련, 중국 등이 공동 선언에 서명함으로써 이미 등장했다. 세계 공동체 구성원들에게 생명, 재산, 그리고 행복의 추구를 보장해 줄 초강대국은 없을 것이라는 것이 점점 더 분명해지고 있다. 우리는 계속해서 자국의 국력에 주로 의존하게 될 것인데, 힘을 고려하지 않은 국가들의 최후가 파괴와 점령을 의미한다는 것을 알고 있기 때문이다. 준비 없이 무기력하게 편안함을 추구했던 모든 제국들의 몰락은 그것을 보여주고 있다. 동시에 우리는 힘의 증대와 세계 지배라는 관점에서만 생각하는 추축국 지도자들의 추악한 교리를 받아들여서는 안 된다.

오늘날, 우리는 제2차 세계대전 이후 새로운 평화를 기대하고 있다. 지리적 요인이 계속해서 작동하기 때문에 기본 쟁점들은 동일하게 남아 있을 것이다. 유라시아 대륙의 세력 균형은 우리가 이루려고 하는 목표 중의 하나이며, 그러한 균형의 확립과 유지는 우리의 전후 목표가 될 것이다. 그때 미국의 관심사는 림랜드 지역의 통합을 막고자 하는 국가들과 계속해서 협력하는 것이 될 것이다. 세계의 또 다른 강대국인 러시아와 영국 또한 유럽과 아시아에서의 패권 등장이 안보를 위협하게 될 것임을 알게 될 것이다. 따라서 이들 삼국은 효과적인 안보 체제의 토대를 제공할 수 있다. 삼국 중 어떤 국가도 나머지 세계에 대항해서 독보적일 수 없기 때문에, 삼국의 협력을 통해서만 최상의 이익을 얻을 수 있을 것이다.

해제

스파이크먼의 지정학과 그 영향

모준영(정치학 박사)

니콜라스 스파이크먼^{Nicholas J. Spykman}(1893-1944)은 네덜란드의 암스테르담에서 태어났다. 그는 아동문학가인 엘리자베스 초우트^{Elizabeth Choate}와 결혼했고, 49세에 암으로 사망했다. 1916년부터 1920년까지 중동과 극동에서 특파원으로 활동했던 그는 그 과정에서 현대 전쟁의 세계적 특성을 직접 목격했다. 그의 조국 네덜란드가 파괴되는 것보다 유럽인으로서 사랑했던 문명이 해체되는 것에 대해 더욱 커다란 충격을 받았던 그는 1920년 미국으로 이주했다. 이후 버클리대학교에서 사회학을 전공으로 학사, 석사, 박사 학위를 취득했는데, 그의 학위 논문은 〈게오르그 짐멜의 사회이론^{Social Theory of Georg Simmel}〉으로 사회학자 짐멜의 사상을 연구한 것이었다. 졸업 후 모교에서 정치학과 사회학을 가르쳤고, 1925년 예일대로 자리를 옮겼으며, 1928년 정교수가 되었다. 그는 예일대에서 국제관계학과 학과장이 되었고 본서의 서문을 쓴 프레드릭 셔우드 던^{Frederick Sherwood Dunn}이 언급한 바와 같이 예일대 국제문제연구소^{YIIS(Yale Institute of International Studies)}를 설립했으며, 그곳에서 지리와 지정학을 강조하는 국제관계에 대한 학제 간 연구 방법을 발전시켰다.

그는 1930년대 후반부터 지리와 세계정치에 관한 긴 논문들을 썼다. 스파이크먼의 두 권의 대표적인 저서는 1942년 출간된《미국의 세계전략 America's Strategy in World Politics》과 본 역서의 원서로 1944년 사후에 발간된《평화의 지정학 The Geography of the Peace》이 있다. 1942년의 저서는 세력균형을 다룬 것으로, 그는 대양이라는 지리적 이점에 의존하는 고립주의는 실패할 수밖에 없다면서, 미국이 고립주의를 탈피해 국제주의로 나갈 것을 주장했다. 또한 1944년의 저서는 유라시아의 세력균형이 미국의 안보에 영향을 미친다는 지전략을 제시했다. 후에 스파이크먼은 봉쇄정책의 기안자 중 하나로 언급되었으며 미국 국제관계의 원칙을 창안한 인물 중의 하나로 인식되었다.

지정학에 대한 스파이크먼의 사상적 토대는 그가 국제관계를 어떻게 바라보고 있는가와 관련이 있다. 예일대학에서 국제문제에 대해 강의했던 그는 현실주의 패러다임의 논리에 기초해서 국제관계를 바라보았다. 그는《미국의 세계전략》의 서문에서 "개개의 국가들은 힘의 지위를 보전하고 증진시키는 것을 외교정책의 주요 목표로 해야 한다"고 했다. 또한 본서《평화의 지정학》에서는 "힘은 국가가 생존하기 위해서도, 보다 나은 세계를 만들기 위해서도 필수적인 수단"이라고 했다. 특히 그는 기존의 지정학을 세 가지 범주의 사상, 즉 영토 팽창의 필요성을 강조하는 독일의 역사철학, 지리학의 하위 분야로 보는 정치지리학, 지리적 요인에 의거한 안보정책 기획 등으로 사용되어 왔다고 제시한 후 실상 지정학의 필요성이 강조되는 분야는 외교정책 분야라고 강조했다. 이는 현실주의적 외교를 강조한 것이었다. 스파이크먼에게 지정학과 현실주의는 사실상 같은 것이었다. 그렇기에 그는 국제정치란 힘의 대결이고, 국가는 적어도 힘의 행사를 할 수 있는 정도로 자국의 지위를 만들고 유지할 수 있어야 한다고 주장했다. 그는 미국인들에게 국가의 외교정책이 힘에 관련된 것이라는 사실을 인식시키려 했던 것이다.

하지만 스파이크먼은 1920년대 초에 미국의 국제연맹과 세계법정 참여를 지지하는 윌슨주의자의 모습을 보이기도 했다. 예일대학에서 개설된 그의 첫 번째 수업인 '국제정치에서의 갈등'에서 그는 자유주의적 국제주의가 국가 간 적의를 당연시 여기는 전통적인 시각을 바꿔 놓을 수 있을 것이라고 강조했다. 그가 생각을 바꾼 것은 대서양의 양측에서 전개되는 공황과 계속되는 정치적 혼란 때문이었다. 그러한 현상은 세계정치의 평화적 속성을 기대한 그의 신념을 완전히 흔들어 놓았다. 그는 국제법과 집단안보에 대한 기대를 접고 국력과 국제 상호작용의 지리적 토대에 집중하기 시작했다. 1929년에 그는 '국가 간 관계에서 가장 중요한 요소, 즉 지리적 요인'을 무시하는 국제관계 전문가들의 컨퍼런스를 비판했다. 예일대학교의 동료들은 후에 1938년경 스파이크먼이 국제법을 '다른 국가들로 하여금 강대국이 원하는 것을 따르게 하는 특별한 방법'이라고 규정했다고 했다.

그리고 스파이크먼은 1933년부터 예일대에서 함께 일하기 시작한 아놀드 울퍼스$^{Anold\ Wolfers}$와 많은 대화를 나누면서 국제정치에서 힘이 갖는 속성과 역할을 논의했다. 또한 그는 울퍼스의 제안으로 매킨더와 독일 지정학자들을 연구하기 시작했다. 스파이크먼은 아이자이어 보우먼$^{Isaiah\ Bowman}$의 《신세계: 정치지리의 문제점들$^{The\ New\ World:\ Problems\ in\ Political\ Geography}$》을 수업의 기본 교재로 삼기 시작했고 국제관계에서 지리적 영향에 대한 심층 연구를 시작했다. 이후 그는 초기의 집단안보에 대한 신념을 완전히 버렸고, 힘의 정치$^{Power\ Politics}$ 원칙을 전적으로 수용했다.

스파이크먼에게 힘이란 여러 가지 양적, 수적 요인에 의해 결정되는 것이다. 그는 국가의 지정학적 힘의 기초가 되는 요소를 10개의 범주로 나누고 있다 ① 영토의 크기 및 성격 ② 국경의 본질 ③ 인구 수 ④ 광물자원의 존재 및 결핍 ⑤ 경제 및 기술발전 수준 ⑥ 재정적 지배력 ⑦ 인종적 동질성 ⑧ 사회적 통합의 수준 ⑨ 정치적 안정 ⑩ 국민정신 등이 그것이다.

스파이크먼은 1935년에 울퍼스와 새로운 현실정치^{Realpolitik} 신조를 보급하기 위해 예일대학에 국제문제연구소를 설립했다. 예일대 총장이자 저명한 외교사학자인 시모어$^{Charles\ Seymour}$는 스파이크먼을 연구소의 초대 소장으로 임명했다. 록펠러 재단으로부터 수령한 10만 달러의 초기 자본과 루스$^{Henry\ Luce}$를 비롯한 이사회의 강력한 지지는 야심찬 연구와 교육 프로그램을 독려했다. 스파이크먼은 강의와 세미나를 통해 그의 학생들에게 미국 외교정책의 고립주의와 보편주의 시각의 붕괴를 강조했고, 그것들을 대체한 국가이익과 순수한 국력의 신조를 설명했다. 그들은 미국 외교정책이 18세기의 가르침인 고립주의에 토대를 둬서는 안 되고 국가적 목표, 천연자원의 수요, 군사 능력, 지리적 현실 등을 합리적으로 고려한 계산에 토대를 둬야 한다고 주장했다.

아울러 스파이크먼은 외교정책이 앞에서 언급한 힘의 토대가 되는 각종 요소에 기초해서 추진된다고 보았다. 스파이크먼의 이러한 사상은 모든 국제정치 주체들이 힘을 위해서, 그리고 힘에 기초해서 각종 정책을 추진한다는 현실주의적 인식에 토대를 두고 있다. 그리고 이를 통해 자신의 국가이익을 현실화하려 노력한다고 보았다.

국제문제연구소에서 스파이크먼이 했던 연구와 교육 프로그램은 세계문제에 대해 조금 더 '현실주의적'인 지향을 제시했고, 연구소도 정책결정자들에게 스파이크먼을 비롯한 연구소의 결과물을 소개하는 일련의 연구 계약의 준비를 제안했다. 그런 과정을 통해 정책의 형성에 영향을 미치는 연구를 늘려 갈 수 있었다.

그의 현실주의적 지향은 《미국의 세계전략》에서 나타나는데, 그는 "바람직한 외교정책이란 힘의 정치라는 현실에 기반해야 하는 것일 뿐만 아니라, 세계에서 국가가 점유하고 있는 특정 위치에 맞춰야 하는 것"이라고 했다. 외교정책 결정에서 지리적 요소가 고려되어야 함을 제시한 것이다. 그는 지리와 외교정책에 관한 연구를 통해 '지리는 외교정책 결정을 제약하는 요소임을 강조했다. 정책결정자들은 지리적 요인으로 인해 제약받은 대안들 내에서 정책을 선택해야 하지, 그렇지 않은 경우 국가의 안전을 위태롭게 할 수도 있음을 제시한 것이다. 그는 동시에 지리적 요소가 지나치게 강조되어서 지리결정론에 빠지는 위험성에 대해서도 경고했다. 그는 지리결정론에 빠지는 것은 '지리를 언급하지 않고 정책을 설명하는 것'과 같다고 했다.

비록 스파이크먼이 1938년과 1939년의 논문에서 정책들을 처방하지는 않았지만, 이때부터 지정학적 시각을 제시하기 시작했다. 당시 '지정학'이란 용어는 미국에서 부정적인 이미지를 갖고 있었는데, 미국인들은 그 용어로부터 히틀러의 팽창정책에 복무했던 하우스호퍼를 떠올렸던 것이다. 당시에 지정학은 '힘의 정치'보다 더 나쁜 이미지를 갖고 있었다.

스파이크먼은 그의 독자들이 '지정학geopolitics, 地政學'이라는 용어를 하우스호퍼 식의 곡학으로 이해하기 보다는 그가 제시한 그대로 받아들이기를 바랐다. 즉 외교정책에서 지리가 차지하는 중요성을 있는 그대로 받아들이기를 바랐다. 그가 지정학이란 용어를 선택한 것은 그가 지리를 한 국가의 외교정책을 조건 짓는 가장 기본적인 요소라고 간주했기 때문이다. 그는 국가이익에 토대를 둔 각종 정책들을 결정하는 데 영향을 미치는 요소들은 시간과 장소에 따라 변화되는 속성을 지니지만 그런 가운데에서도, 항상 고려할 수밖에 없는, 불변의 요소가 있음을 지적한 것이다. 즉 국가의 형태를 이루는 요소로서 국민들의 이주를 결정하는 해안과 강 그리고 산맥과 평지 등 기본적인 영토적 외형은 변화되지 않는다는 것이다. 즉 국가의 외교정책 결정에서 지정학이 기본적으로 고려되어야 한다는 것이다. 그는 "장관은 교체되고 독재자도 죽음을 피할 수 없지만, 지질학적인 공간은 확고부동하기 때문"이라고 그 이유를 밝힌다.

스파이크먼에 따르면, 외교정책을 추진할 때 국가의 영토적 토대(크기, 천연자원, 위치, 지형 및 기후)는 다방면으로 영향을 미친다. 스파이크먼이

1938년에 발표한 두 편의 논문 〈지리와 외교정책$^{Geography\ and\ Foreign\ Policy\ I,\ II}$〉은 공통적으로 대외 전략에서 지리의 중요성을 다음과 같이 강조했다.

"지리는 한 국가의 정책 형성에서 가장 기본적인 결정 요소를 이룬다. 왜냐하면 지리는 가장 영속적이기 때문이다. 국가의 지리적 성격은 비교적 안정되어 있고 변할 수 없기 때문에, 지리적 열망 역시 수세기 동안 동일하다. 세계는 국가 간의 욕구가 갈등을 빚지 않는 행복한 상황에 아직 도달하지 못했기 때문에, 이런 열망은 여전히 마찰의 근원이 된다. 정부와 왕조는 바뀌어도 역사를 통해 영속되는 수많은 투쟁의 근원은 지리에 있다."

또한 1939년에 그의 연구조교 롤린스$^{Abbie\ A.\ Rolins}$와 함께 쓴 〈외교정책에서 지리적 목표$^{Geographic\ Objectives\ in\ Foreign\ Policy}$〉라는 논문에서 그는 산맥 지역으로부터 완충 국가에 이르는 여러 가지 유형의 국경이 갖는 중요성, 국가들이 추구했던 지리적 팽창의 유형, 그리고 지리적 수준에서 나타난 국가들 간의 갈등 패턴을 제시했다.

결국 스파이크먼은 국가의 지리적 성격이 비교적 안정되어 있고 변할 수 없는 영속성을 지니고 있기 때문에, 지리가 한 국가의 국내외 정책 결정에서 가장 기본적인 요소가 되고 있음을 강조했다. 사실 모든 국가의 국내외 정책은 국가 공간이 펼쳐진 지리적 위치와 상황으로부터 자유로울 수 없다. 지리 공간적 속성을 감안하여, 국내 차원의 공간 개발과 국가 힘을 변화할 수 있는 제반의 정치행위가 구체화된다. 물론 외교정책 분석에서 지리적 공간이 항구 불변의 의미를 지니는 것은 아니다. 주변 공간에 위치하고 있는 국제정치 주체들의 역동성이 공간의 의미를 변화시키게 되며, 그런 변화에 기초해서 지리적 의미가 새롭게 해석되기도 한다.

이러한 기조는 1944년에 출간한 본서에서도 계속된다. 그는 국가의 외교정책에서 지리적 요소의 중요성을 강조했고, 지리에 기초해서 국제관계를 분석하는 지정학을 국제정치의 가장 중요한 수단으로, 그리고 가장 효과적인 전략을 수립하도록 도와주는 분석 방법 및 공식 체계로 간주했다. 또한 그런 측면에서 지정학이 외교정책 결정에 필요한 문제의 정리 및 분석을 위해 사용되어야 한다고 주장했다. 한 국가의 외교정책이 지역의 특성을 고려하면서, 해결이 필요한 문제 영역에 대한 공간적 관계 분석과 함께 구체화되기 때문이다. 한편으로는 지리적 의미가 변화될 수 있음을 계속해서 언급하고 있다. 국제정치의 주체들이 결정하는 것에 따라 공간의 의미가 변화하기도 하고, 그러한 변화에 따라 지리적 의미가 새롭게 해석되기도 한다는 것이다. 가령 중국은 공산화 전에는 전후戰後 아시아에서 소련을 견제할 수 있는 림랜드로 상정되었지만 공산화 이후에는 주시하고 견제해야 할 림랜드로 그 지리적 의미가 전혀 다르게 받아들여졌다. 그럼에도 불구하고 지리 그 자체는 쉽게 변화하는 것이 아니며, 모든 국가의 외교정책은 국가 공간이 펼쳐진 위치와 상황으로부터 자유로울 수 없기 때문에 지리적 속성을 감안하지 않을 수 없다. 이러한 이유로 스파이크먼은 지정학이 국제정치를 분석하는 가장 유용한 도구이자 대외전략을 수립하는 데 가장 분석적이고 효율적인 기제라고 주장한다.

이러한 인식 하에 제시된 스파이크먼의 지정학은 매킨더와 마찬가지로 지구 공간을 분할하고 각 공간별로 그 가치를 평가했다. 그는 1938년 논문 〈세계와 외교정책〉에서 지리적 환경만을 고려했을 때 세계는 3개의 유형으로 나눌 수 있다면서, 육상경계로 막혀 있는 국가, 도서 국가, 육상경계와 해상경계를 모두 갖고 있는 국가를 제시한 바 있다. 이를 재정리한 것이 본서 《평화의 지리학》에서 나오는 하트랜드, 림런드, 그리고 근해대륙이라고 할 수 있다. 다시 말해, 육상 경계를 중심으로 이뤄진 중앙 대륙 평원을 하트랜드로, 해안으로부터 대륙을 분리시키며 주변을 둘러싸고 있는 연해와 지중해 지역을 림랜드로, 그리고 영국, 일본, 아프리카 그리고 호주의 해안 섬들과 대륙을 근해대륙이라고 본 것이다.

이러한 지역 분류에 따른 그의 지정학이론은 대양지배를 세계지배의 핵심으로 간주했다는 점에서 미국학자 마한$^{Alfred\ Mahan}$의 사상의 연속선상에 있다. 그러나 한편으로 그의 논리구조나 용어 등을 살펴보면 오히려 영국의 매킨더$^{Halford\ Mackinder}$로부터 많은 영감을 얻었음을 알 수 있다. 그의 연구가 세계정치의 통합과 세계 해양의 통합을 포함하고 있다는 점에서 매킨더와 유사한 가설에 토대를 두고 있는 것으로 보이는 것이다.

하지만 스파이크먼은 범위를 보다 확장해 항공의 통합까지 고려했다는 점에서 차이를 보이고 있고, 특히 공간과 지역에 대한 가치 평가에서 차이를 보였다. 스파이크먼은 해양공간과 해안지역의 전략적 중요성을 믿었기 때문에, 하트랜드에 대한 이해와 분석이 매킨더와 다르다. 스파이크먼은 하트랜드를 향후 강력한 교통과 소통 수단으로 통합될 지역으로 보지 않았다. 그래서 하트랜드는 해양세력인 미국과 경쟁할 위치에 있지 않을 것으로 보았다.

소련이 대륙에서 팽창하는 데 성공한다면, 소련의 경작지는 대체로 서쪽에 위치해 있는 작은 부분일 것이라고 보았다. 사실 소련의 천연 자원은 역시 우랄산맥의 서쪽에 위치해 있다. 정치적 물질적 힘의 중심부는 소련의 서쪽이기 때문에 스파이크먼은 중앙아시아에서 소련이 더욱 큰 힘을 행사할 가능성은 거의 없다고 보았다.

스파이크먼은 역사적으로 전쟁들이 러시아에 대항해서 영국과 림랜드 동맹들이 맞서거나, 영국과 러시아가 지배적인 림랜드 세력에 맞서는 양상이 있었다고 제시한다. 즉, 유라시아의 투쟁은 어떤 세력이 되었든 림랜드를 지배하는 것을 예방하는 데 그 목적이 있었다는 것이다. 이는 유라시아 전쟁을 하트랜드를 지배하려는 세력을 막는 것으로 본 매킨더와 구분되는 것이다.

스파이크먼이 유라시아 지역을 어떻게 구분하고 평가했는지를 구체적으로 살펴보면 다음과 같다.

1) 하트랜드 지역

스파이크먼은 매킨더가 집중한 중앙 대륙의 평원을 동일하게 하트랜드로 명명하고 있으나, 그 가치 평가에서는 차이를 보인다. 스파이크먼은 하트랜드 공간이 소련의 정치적 범위와 일치한다는 점을 언급하면서, 다음과 같은 이유로 하트랜드 공간이 교통과 기동성 그리고 잠재력에서 중심지역이 될 가능성이 희박하다고 했다.

첫째, 소련의 공간은 광활하지만 실제로 경작을 할 수 있는 지역은 일부에 한정된다는 것이다. 즉 기후 상황을 보면, 소련에서 농업 생산의 중심지는 중앙시베리아 지역 또는 소련의 서부지역에 국한되어 있고, 비옥한 지역인 서부지역과 남서부지역을 중심으로 경제구조가 형성될 수밖에 없다는 것이다. 그리고 세계의 유전지대와 석탄 및 철강의 지리적 분포를 보아도, 우랄산맥 서부에 편재되어 있어서 그 지역을 중심으로 발전하게 될 것이라고 본다.

둘째, 유라시아의 내부 교통망이 정비되면서 기차, 자동차, 항공기 등이 새로운 기동성을 창출했음은 사실이지만, 세계적 수송로의 관점에서 보면, 북쪽, 동쪽, 남쪽, 남서쪽으로 장애물들이 놓여 있어 수송이 원활하지 않음을 지적한다. 뿐만 아니라 이 지역은 기후로 인해 연중 대부분이 빙산과 결빙으로 되어 있고, 몇 안 되는 협소한 통로들을 높은 산들이 가로막고 있다고 한다.

2) 림랜드 지역

스파이크먼은 하트랜드와 해양대륙의 중간에 위치한 지역을 림랜드로 규정한다. 대륙세력과 해양세력 간의 수륙양면의 완충지대인 림랜드는 하트랜드와 근해대륙 양측으로부터 다가오는 위협에 대응해야 하는 만큼 근본적인 안보 문제를 갖고 있는 지역이다. 스파이크먼의 림랜드 개념은 매킨더의 내부 초승달이나 외부 초승달보다는 마한의 '쟁점이 되고 쟁점이 될 수 있는 지대'에 더 가깝다. 스파이크먼이 언급하고 있는 유라시아의 림랜드는 유럽 해안, 아라비아와 중동의 사막, 인도에서 중국 남부에 이르는 아시아의 몬순기후 지역 등 가장자리의 땅을 포함한다. 즉 유럽 해안 지대, 아랍-중동 사막 지대, 아시아 몬순 지대 등 세 개의 구역으로 구성된다. 스파이크먼은 앞의 두 지대와 달리 아시아에 대해서는 전체 국가들을 '몬순지대' 하나로 묶지는 않았다. 그는 인도, 인도양 도서, 그리고 인도 문화를 지리적으로나 문명적으로 중국 대륙과 구분했던 것이다. 그가 림랜드로 구분한 지역은 잠재적으로 해양세력 및 대륙세력의 일부가 될 수 있는 지역으로 가장 복잡하고 문명화된 지역이고, 독자적으로 해양과 대륙에 영향을 미칠 수 있다.

그는 림랜드가 다음과 같은 특징을 갖고 있다고 제시한다. 첫째, 강수량이 많다. 이는 북극해에 접해 있고, 툰드라 기후로 추위가 심하며, 강수량이 적은 하트랜드와 구별되는 점으로 그만큼 농경에 유리하다는 것이다. 둘째, 인구가 조밀하다. 이는 농경에 유리한 만큼 많은 사람들이 모여들어 살았고, 그만큼 생산 활동도 활발하다는 것이다. 셋째, 이들 지역에는 이집트, 메소포타미아, 인더스, 황하 등 4대 문명이나 불교, 기독교, 회교 등 종교의 발생이 이루어진 곳을 포함하고 있다. 넷째, 정치적으로 통일되거나 힘의 집중이 이뤄지지 않고, 많은 개별 독립국들로 구성되어 있다.

이러한 특징을 근거로 스파이크먼은 림랜드 지역을 능동적인 역사의 주체로 인식한다. 요컨대 이 지역은 농업 활동에 적합한 기후조건을 갖고 있고, 각종 문명이 발생해 존재했었으며, 정치적 기반은 약하지만 해상으로의 진출입이 편리한 장점을 갖고 있다. 스파이크먼은 이러한 인구학적 중요성, 천연자원, 산업발전 등의 장점을 갖고 있는 림랜드가 하트랜드까지 팽창하는 것에 대해 전략적 중요성을 부여했다. 그리고 림랜드 지역을 개발할 수 있는 과학기술적 잠재력이 뒷받침된다면, 지정학적 가치는 더 커질 수 있다고 보았다. 그래서 그는 "림랜드를 통제하는 자가 유라시아를 지배하고, 유라시아를 지배하는 자가 세계의 운명을 통제할 수 있다."고 했다.

3) 근해대륙 The Off-Shore Continents

근해대륙은 앞에서 언급한 바와 같이 그가 초기에 분류했던 도서 국가들island states에 해당한다. 즉, 림랜드 외곽에 있는 영국과 일본 등을 비롯한 근해 도서국들을 비롯해서 유라시아 근해의 아프리카와 오스트레일리아를 근해대륙의 범주에 넣었는데, 이는 매킨더가 외부 초승달Outer Crescent 또는 도서 초승달Insular Crescent이라고 명명했던 지역을 의미한다.

스파이크먼은 유라시아 인근 두 개의 대륙 아프리카와 오스트레일리아의 지정학적 지위를 지중해와 '아시아의 지중해'에 관한 통제를 갖고 있는 국가에 의해 각각 규정된다고 본다. 실제 세계정치에서 이 두 대륙의 지위는 아시아와 유럽을 지배하는 전략 게임 참가자가 결정하곤 했다. 하지만 아프리카와 오스트레일리아 두 대륙의 중요성은 감소하고 있는데, 그 이유는 이 지역의 생산능력과 그에 따르는 힘의 잠재력을 제약하는 기후 조건 때문이다. 특히 아프리카 대륙의 대부분은 극히 건조하거나 극히 습한 지역으로 구성되어 있고, 최남단 부분을 제외하면 국제질서에 중대한 영향력을 행사할 만한 자원을 갖고 있지 못하다. 마찬가지로 오스트레일리아 대륙의 사막지대 역시 국제적 영향력 행사에 필요한 정치 및 경제적 자원을 갖고 있지 못하다.

두 개의 근해대륙 외에 해양의 섬들이 있는데, 이들 가운데 영국과 일본 등이 독자적인 전략을 구사할 수 있는 능력을 갖고 있는 중요한 해양의 섬들이라고 제시하면서, 육지로부터 가까운 거리에 있는 정치·군사 상의 요충지로서 특수한 지위를 부여하고 있다. 스파이크먼은 영국은 오랜 기간 대륙의 상당 부분을 점유하고 있었고, 종국에는 네덜란드와 벨기에와 같은 작은 완충국가를 두고서 안보 문제를 해결해 왔고, 일본은 근대화되고 부강해지면서 19세기 영국이 취했던 행태를 답습하는 듯 하다고 했다. 즉 일본이 북중국과 만주국을 각각 벨기에와 네덜란드처럼 고려했다는 것이다. 이들 지역의 특수한 지위는 이후에도 영국이 제2차 세계대전 당시 해양세력인 미국과 대륙세력인 독일의 군사상 발판으로서 중요한 역할을 했고, 일본이 한국전쟁 당시 해양세력인 미국의 중요한 군사기지 역할을 했던 점을 보면 이해할 수 있다. 그는 그 외의 국가들에 대해서는 하트랜드 및 림랜드의 영향을 받고 있다고 보았다.

이처럼 지역을 구분한 스파이크먼은 하트랜드를 중심으로 구성되었던 매킨더의 이론을 수정해서 림랜드를 중심으로 논리를 전개한다. 그는 공업력과 교통의 새로운 중심지가 유라시아 대륙의 주변부를 따라 형성되고 있는 사실을 주목하고, 하트랜드보다 림랜드가 더 중요한 지역임을 강조한다. 그는 해양세력과 대륙세력 간의 갈등보다 림랜드와 하트랜드 간 혹은 림랜드와 해양대륙 간의 갈등을 중시했다. 스파이크먼은 우선 해양세력인 영국과 대륙세력인 러시아 간의 관계를 대립적으로 가정함으로써 오류가 발생했다면서 '매킨더의 주장은 잘못되었다'고 지적한다. 스파이크먼은 이를 입증하기 위해 나폴레옹 전쟁, 제1차 세계대전, 제2차 세계대전 등 3차례의 전쟁 사례를 제시하며 영국과 러시아가 연합하여 림랜드 세력에 대항했음을 설명한다.

다음으로 스파이크먼은 수송체계의 발달로 인해 하트랜드의 중요성이 감소되었음을 지적한다. 오히려 수송체계의 발달로 유라시아 대륙의 주변부에 새로운 중심지가 형성되고 있다고 보았다. 실제, 육상 및 해상 교통수단의 발달은 림랜드 지역의 발전 가능성을 증대시킨다.

셋째, 스파이크먼은 림랜드를 능동적인 역사의 주체로 보았다. 스파이크먼은 림랜드를 해양세력과 대륙세력 간의 충돌이 일어날 수 있는 완충지대로 보았다. 양쪽 세력으로부터 공격받기 쉬운 위치에 있는 림랜드 세력은 육지와 바다 두 가지 성격을 동시에 가질 수밖에 없다. 림랜드 국가는 해양세력과 대륙세력 모두에게 대응할 수 있는 능력을 개발하기 위해 양쪽을 동시에 주지해야 한다. 따라서 갈등 사이에서 수동적으로 있기보다는 능동적으로 대처할 것으로 이해한다.

넷째, 스파이크먼은 림랜드 지역이 갖고 있는 '잠재적 힘'을 중요시했다. 그에게 있어서 잠재적 힘이란 인구와 생산을 의미했다. 유럽대륙과 중국 그리고 인도 등 림랜드 지역의 국가들은 강력한 세력으로 전환될 수 있는 잠재적인 요소를 갖고 있다. 이러한 요소들에 기초하여, 해양세력 또는 대륙세력에 대항하는 독립적인 림랜드 세력으로 성장할 수 있다.

결국 스파이크먼은 세계를 통제하는 중요한 열쇠로서, 하트랜드가 아니라 유라시아의 림랜드 공간을 강조한다. 그는 유라시아 림랜드가 대규모 인구, 풍부한 자원, 해안선의 활용 등으로 세계 통제의 열쇠가 될 것임을 주장했다. 물론 유라시아 림랜드가 하트랜드보다 중요시되는 원인은 과학기술과 이에 기초한 공군력 및 생산능력 증대 등으로 인해서 국력의 지리적인 요인이 변화되었기 때문이다.

아울러 스파이크먼은 해양세력과 대륙세력 간의 충돌이 일어나는 림랜드를 통제하는 자가 세계를 지배할 수 있다고 보았다. 요컨대 대륙세력이 림랜드를 장악한다면, 해양세력이 대륙의 연안지대에 돛을 내리는 것을 막을 수 있고, 해양세력이 동일 지역을 장악한다면, 대륙세력의 팽창을 차단하면서 대륙공간으로 침투할 수 있는 발판이 된다.

결국 스파이크먼은 유라시아의 하트랜드가 아니라 림랜드의 장악을 강조한다. 림랜드의 지배는 세계의 연결 지역을 지배하는 것이다. 육지의 취약지구이고, 바다의 취약지역이며, 육지와 바다를 동시에 장악할 수 있는 지역인 림랜드의 지배를 강조한 것이다. 해양세력과 대륙세력 간 충돌이 발생되는 림랜드의 지배가 세계 지배를 가능케 한다는 것이다. 해양세력에게 림랜드에 대한 통제는 대륙세력에 대한 최종적이며 취소할 수 없는 승리를 의미한다. 이에 스파이크먼은 해양에서 대륙으로 이어지는 림랜드 지역의 통제를 강조했다.

스파이크먼의 분석은 결국 미국의 고립이 더 이상 안보를 확보하는 실질적인 수단이 될 수 없다는 것이고, 대서양과 태평양을 가로지르면서 세계적 이슈에 참여하는 주요 목표는 유라시아 지역에 세력균형을 만들고 유지하는 것이어야 한다고 주장한다. 결국 스파이크먼의 관점은 제2차 세계대전이 한창이던 시절 미국이 할 수 있는 역할을 정의하고자 했던 것이다. 그리고 세계대전 이후에 미국의 지도적인 역할을 위한 방법론을 제공하는 것이었다. 이에 그는 《미국의 세계전략》 결론 부분에서 세계대전 이후 러시아의 세력에 대항할 수 있도록 독일을 강한 국가로 남겨 두는 것이 미국에게 이익이라고 생각했다. 전략적으로 보았을 때, 우랄산맥으로 가는 모든 길을 지배하는 독일이나 독일로 가는 길을 통제하는 러시아는 모두 미국에게 위협이 된다는 것이다. 스파이크먼은 일본이 태평양에서 패하고, 중국과 러시아가 서로 투쟁하게 될 것이라고 예측했다. 또한 그는 아시아에서 지배적인 세력으로 중국의 부상을 전망했다.

    이와 같은 스파이크먼의 아이디어는 실제로 미국의 전략에 영향을 미쳤다. 스파이크먼은 미국이 대양을 넘어서 대규모 공세적 군사작전을 수행할 것을 요구했다. 해상주변의 국가들과 연합하고 하트랜드 주변의 해양을 지배할 수 있다면, 주변 도서의 요새를 통해 하트랜드를 봉쇄할 수 있다는 것이다. 스파이크먼이 구상한 지전략은 심장지역 국가인 소련을 내륙 요새에 가두어 둘 수 있다는 논리로 연결된다. 이는 제2차 세계대전 이후 미국의 대(對) 소련 봉쇄정책의 개념적 틀로 활용되었다. 미국은 해상세력을 중심으로 소련의 공산주의 팽창을 봉쇄하기 위해 림랜드 지역의 주요 국가들과 군사동맹을 결성하고 군사기지를 건설하면서 하트랜드 세력인 소련의 팽창에 대해 거대한 포위망을 구성했다. 이는 미국의 동맹국들에게도 강요되었다. 이러한 미국의 전략은 전후 일본의 전략적 중요성을 부각시켜 미국으로 하여금 일본을 보호하고 미일동맹을 강화하는 원인이 되었다.

참고문헌

- Earle, Edward Mead, "Power Politics and American World Policy," *Political Science Quarterly.* Vol.58, No.1 (Mar., 1943)
- Furniss, Edgar S. Jr., "The Contribution of Nicholas John Spykman to the Study of International Politics," *World Politics.* Vol.4, No.3 (Apr., 1952)
- Meining, Donald W., "Heartland and Rimland in Eurasian History," *The Western Political Quarterly.* Vol.9, No.3 (Sep. 1956)
- Spykman, Nicholas J., "States' Rights and the League," *Yale Review.* xxiv, No.2 (Dec., 1934)
- Spykman, Nicholas J., "Geography and Foreign Policy Ⅰ," *The American Political Science Review.* Vol.32, No.1 (Feb., 1938)
- Spykman, Nicholas J., "Geography and Foreign Policy Ⅱ," *The American Political Science Review.* Vol.32, No.1,2 (Apr., 1938)
- Spykman, Nicholas J., and Abbie A. Rollins, "Geographic Objectives in Foreign Policy Ⅰ," *The American Political Science Review.* Vol.33, No.3 (Jun., 1939)
- Spykman, Nicholas J., and Abbie A. Rollins, "Geographic Objectives in Foreign Policy Ⅱ," *The American Political Science Review.* Vol.33, No.4 (Aug., 1939)
- Spykman, Nicholas J., "Frontiers, Security, and the International Organization." *Geographical Review.* Vol.32, No.3 (Jul., 1942)
- Spykman, Nicholas J., *America's Strategy in World Politics: The United States and Balance of Power.* New York: Harcourt, Brace and Company, 1942.
- Spykman, Nicholas J., *The Geography of the Peace.* New York: Harcourt, Brace and Company, 1944.

마한, 매킨더, 스파이크먼의 고전 지정학 이론과 한반도

김연지(정치학 박사)

국가는 다른 사회 조직들과 달리 영토를 기반으로 한 조직이다. 국가가 생존한다는 것은 정치적으로 독립을 유지하고, 특정한 영토에 대한 배타적 통제권을 유지한다는 뜻이다. 그래서 국가는 이웃국가들과 관계에서 영토의 지정학적 함의에 관심을 가질 수밖에 없다.

'지정학^{geopolitics}'이란 단어는 스웨덴의 역사학자이자 정치학자인 루돌프 쉘렌$^{R.\ Kjellen}$이 처음 창안해 사용했다. 그에 따르면 '지정학은 지리적 조직 또는 공간적 현상으로 간주되는 국가를 연구하는 독트린'이다. 지정학은 19세기 말부터 체계적 연구가 시작되었으며 1, 2차 세계대전까지 독일, 영국, 미국 등에서 활발하게 연구되었다. 미국과 영국에서는 대륙세력과 해양세력의 관계에 중점을 둔 연구가 이루어졌고, 독일은 주로 대륙의 공간에 중점을 두었다.

이후 독일의 지정학이 히틀러의 팽창정책을 뒷받침하는 정치선전에 목적을 두면서 2차 대전 이후에는 지정학 전체가 학계의 외면을 받게 되었다. 그러나 외교·국방정책에 대한 지정학적 사고는 고대 그리스 시대 이전부터 존재해 왔으며, 동서고금의 역사 속에서 많은 사례를 찾아 볼 수 있다. 지정학이 독일의 팽창주의자들에게 오용되면서 학계의 외면을 받았지만 그럼에도 세계 도처에서 지정학의 범위에 포함되지 않는 외교정책이나 국방정책은 생각할 수가 없다. 지정학의 유행은 지나갔는지 모르지만, 지리적 현실에 대한 정치적 해석은 문제를 규정하고 해석하는 데 여전히 중요한 역할을 수행하고 있다.

여기서 지정학에 대한 개념을 명확히 할 필요가 있다. 스파이크먼Nicholas John Spykman은 지정학적 개념이란 지리학적 개념과 힘의 역동성이 합쳐진 개념이라고 보았다. 그리기엘Jackub J. Grygiel은 지리학과 대비하여 지정학을 정의하였다. 그에 따르면 지리학geography은 산맥, 강, 바다, 기후 등 지구에 대한 지질학적 실체에 대한 연구인 반면, 지정학geopolitics은 자연자원 등의 지질학적 특성과 장소의 가치를 바꿀 수 있는 인간의 행위(생산·통신기술 등)를 결합한 학문이다. 지리는 변하지 않지만 기술의 발달로 그 지리의 가치는 변화할 수 있다는 것이다. 피필드Fifield와 크리스토프Kristof는 '지정학이란 외교정책의 관점에서 국가를 지리적으로 연구하는 것'으로 보았다. 코헨S.B. Cohen은 '지리적 상황과 정치 과정 사이의 상호작용에 대한 연구'라고 하였고 오설리반P. O'Sullivan에 따르면 지정학은 '국제정치 주체들 사이의 관계에서 지리를 연구하는 학문'이다.

살펴본 학자들의 정의를 통해 알 수 있듯이 지정학적 사고는 지리적 특성에 대한 국제정치적 해석이라고 할 수 있고, 지정학은 지정학적 사고를 기반으로 한 외교 행태에 대한 연구라고 볼 수 있다. 따라서 국가의 지리적 성격은 변하지 않지만 지정학적 성격은 힘의 이동에 따라 변화한다. 국가 간 힘의 변화로 어떤 지역이 중요해지는가 하면 다른 지역은 관심에서 멀어지기도 한다. 지리는 변하기 어렵지만 같은 지리에 부여된 정치적 의미는 상황에 따라 변화하기 때문에 특정 지역에 대한 중요성 역시 상황에 따라 변화한다. 지리적 특징이 상수라면 지정학적 가치는 변수인 것이다.

나치 독일이 패망한 후 사라진 독일의 지정학파와 달리, 영국과 미국에서 발전해온 지정학은 지정학적 특징에 따라 세계의 지역을 구획하고, 구획한 지역의 특징과 그들 사이의 관계를 연구하는 방식으로 꾸준히 발전해왔다. 알프레드 마한(Alfred Mahan)의 해양세력 우위론, 해퍼드 매킨더(Halford J. Mackinder)의 대륙세력 우위론, 그리고 뒤를 이은 니콜라스 스파이크먼(Nicholas Spykman)의 림랜드 이론이 그 고전이라 할 수 있다.

마한은 미국의 해군제독으로, 자신이 1886년까지 미국 해군대학에서 강의한 내용을 묶어 《해양력이 역사에 미치는 영향 1660~1783(The Influence of Sea Power upon History 1660~1783)》이라는 책을 출간하였다. 1890년에 출간되어 미국은 물론 많은 국가에게 영감을 주었으며 지금까지도 각국의 해양전략에 큰 영향을 미치고 있다.

대서양에서 태평양에 이르는 거대한 영토를 가진 미국은, 1800년대 후반에 이르러서는 아메리카 대륙에서 우월한 지위를 확보하였다. 1880년대-90년대 미국의 공업생산이 가파르게 성장하면서 생산품을 위한 시장이 필요하게 되었다. 이러한 때에 마한은 미국이 해외시장을 얻기 위한 제국주의 경쟁에 뛰어들어야만 하는 이유를 역사적, 논리적으로 훌륭하게 설명하였다.

마한은 무기체계의 발전에 따라 전쟁의 여러 조건이 시대마다 바뀌지만, 그 중에서 어떤 것은 변하지 않아 보편적인 적용이 가능하다고 보았다. 그가 보편적으로 적용 가능한 요소로 꼽은 것은 해양력이었다. 그는 역사적으로 바다가 매개되어 국가 및 인간관계가 변화되어 왔으며, 초기 문명도 해안선을 끼고 발달하였음을 지적하였다.

마한의 논리에 따르면, 세계의 강국이 되기 위한 전제조건은 바다를 제압하고 이동의 자유를 보장받는 것이다. 국가는 바다를 통해 무역을 하고 부를 쌓아 발전할 수 있으며 육로보다 훨씬 쉽고 저렴하게 이용 가능하다.

스페인, 네덜란드, 영국 등 역사적으로 번성했던 국가들은 모두 해상을 통해 무역을 활발히 하던 국가였다. 이 강대국들은 생산력이 높았기 때문에 무역이 활발하였고 이에 따라 교역품을 운반하는 수단인 해운이 발달했으며, 해운 활동을 도와주고 확대해 주는 식민지를 갖추고 있었다. 이처럼 마한은 생산력, 해군, 식민지를 해양력의 세 가지 고리라고 보았고, 해양력이 높아야 강국이 된다고 보았다. 마한은 지구표면의 3분의 2인 바다를 육지의 연장으로 생각하고 "바다를 지배하는 자는 세계를 지배한다"는 말로써 해양세력의 우위를 주장하였다.

결국 마한 사상의 이론적 기초는 '세계 정치는 바다를 제어하기 위한 지속적인 투쟁'이라는 인식에서 출발한다. 마한은 강한 해군력과 특정한 전략적 해협에 대한 통제권을 행사할 수 있을 때 비로소 세계지배가 가능하다고 보았다. 정치학자 이영형은 이러한 마한의 이론을 '해양세력 우위론'이라고 표현하였다. 마한의 사상은 당시 제국주의 국가들에게 많은 영향을 끼쳤고, 영국, 일본, 러시아, 독일 등이 해양력 개발에 열을 올렸다. 그러나 마한의 문제의식은 기본적으로 미국이 어떻게 하면 세계 강국이 될 것인가에 초점을 두고 있었고, 가장 충실하게 마한의 사상을 실천한 것 역시 미국이었다.

마한의 책이 출간될 당시 프랑스 회사가 파나마 운하 공사를 진행 중이었기 때문에 미국에서는 해안 보호에 대한 관심이 증대하였다. 또한 국가의 경제력이 향상되어 사업가들이 해외시장으로 눈을 돌리기 시작한 때였다. 그럼에도 미국의 해군력 상황은 칠레보다도 열세였다. 이러한 와중에 마한의 주장은 미국인을 감동시켰고 즉시 정책에 반영되기 시작했다. 마한은 미국이 해외무역의 중심지 부근에 어떤 항구도 소유하고 있지 않았다는 것을 지적하면서 식민지 개척이 필요하다고 건의하였다. 또한 미국 해군은 대서양과 태평양으로 분리되어 있으므로 이를 통합하기 위해서 파나마에 운하를 건설하고 미국의 통제 하에 둘 것을 건의하였다.

1898년 7월 7일 미국은 독립국가였던 하와이를 합병하였고, 스페인과 전쟁에서 승리한 후 맺은 파리조약(1898.12.10.)을 통해 필리핀, 괌, 푸에르토리코, 쿠바 등 스페인 식민지 대부분 획득하였다. 그리고 1903년 파나마 운하[1]의 양쪽 5마일 지대에 대한 사용권과 관할권을 파나마 정부로부터 영구히 얻어냄으로써 마한의 주장을 실천하였다.

마한의 논리에 따라 미국은 제1차 세계대전을 전후하여 강력한 해양세력 국가로 부상하였고, 이후 영국을 능가하는 세계 최대, 최강의 해양세력이 되었다. 냉전시대에는 대륙세력인 소련의 팽창을 봉쇄하기 위해 해양기지 확보에 힘썼다. 발트해 입구, 흑해 입구, 수에즈 운하 등 지중해 입구, 호르무즈 해협, 말라카 해협, 대한 해협 등 유라시아 대륙 주변의 전략적 해협을 모두 장악함으로써 세계의 해양을 제패하게 된다. 마한의 사상에 기초하여 만들어진 해외 해군기지는 오늘날에도 유용하게 활용되고 있다.

영국학자 매킨더는 인간의 행동에 대해 가장 강제적인 효과를 발휘하는 것이 지리적 특징이라고 주장했다. 또한 지구상의 비옥함과 전략적 장단점이 불균등하게 분포되어 있기 때문에 세계적 규모의 전쟁이 발발한다고 보았다. 매킨더는 세계 전체를 하나의 유기체로 보고 추축지역$^{pivot\ area}$ 또는 하트랜드^{heartland}, 내부 초승달지대$^{inner\ crescent}$, 외부 초승달지대$^{outer\ crescent}$로 나누었으며, 인류 역사를 이 유기체 안에서 일어나는 지역들 사이의 갈등이라고 보았다.

---

[1] 1881년 프랑스 회사가 운하 공사에 착수했으나 자금 부족 등으로 9년 만에 공사를 중단하였고, 미국이 프랑스로부터 굴착권을 사들여 1914년에 완성했다. 제1차 세계대전 후 1920년에 정식으로 개통되었다. 파나마 운하에 대한 미국의 소유권은 제국주의 유산이라는 비판을 받다가, 1999년 12월 31일 파나마로 반환되었다.

추축지역은 유라시아 중심부를 말한다. 크기는 유럽지역의 두 배 이상이고, 북극권 주위의 밀림지대를 제외하고는 일반적으로 말이나 낙타를 타고 이동하기에 편리하며 해양세력이 접근할 수 없는 지역이다. 후에는 추축지대를 확대하여 하트랜드라고 하였는데, 이 지역은 대륙세력이 해양세력을 거부할 수 있는 지역을 모두 포함한다고 설정되어 있기 때문에 명확히 구획하기는 힘들다. 내부 초승달지대는 하트랜드 동쪽, 남쪽, 서쪽의 주변지역들이다. 이 지역들은 커다란 초승달 모양을 하고 있으며 바다에서 배를 타고 접근할 수 있다. 외부 초승달지대는 내부 초승달 지역의 바깥 둘레의 영국, 일본, 남북아메리카 대륙, 오스트레일리아, 남아프리카 등으로 구성된다.

매킨더도 마한과 같이 세계 역사의 기본 패턴은 대륙세력과 해양세력 간의 경쟁으로 보았다. 세계역사의 변화는 심장지역으로부터 오는 충격이 원인이며, 심장지역의 대륙세력은 시간이 지날수록 점점 내부 초승달지역으로 넓어지는 경향을 가지고 있다. 이에 따라 하트랜드 대륙세력의 패권을 막고 평화를 지키기 위해 내부 초승달지역이 외부 초승달지역의 지원을 받아서 힘의 균형을 이루려는 것이 세계 역사의 틀이라고 하였다.

그러나 역사적 분석을 통해 해양세력의 우세를 주장한 마한과는 달리 매킨더는 기술의 발전에 따라 경쟁에 유리한 세력도 변화하였다고 판단하였다. 15세기 이전의 경쟁은 대륙세력에게 유리했지만 항해술이 발전하면서 해양세력이 유리해졌다. 그러나 19세기 들어 철도 등 대륙의 지리적 장애를 극복할 수 있는 과학기술이 발전하자 다시 대륙세력이 경쟁에서 유리해졌다는 것이다. 그는 심장지역의 추축국이 유라시아 대륙 주변으로 팽창하여 그들에게 유리한 세력 구도가 형성된다면 광대한 대륙의 자원을 함대 건설을 위해 사용할 것이며 결국 해양세력을 압도하는 세계제국이 될 것으로 예상했다. 즉 매킨더는 마한과 달리 대륙세력 우세론을 주장한 것이다.

20세기 초 당시의 상황에서 독일이 러시아와 동맹을 맺거나, 둘 중 하나가 나머지 하나를 지배하게 될 때 이러한 일이 실현될 수도 있다고 보았다. 그는 "동유럽을 지배하는 자는 심장지역을 지배하고, 심장지역을 지배하는 자는 세계섬[2]을 지배하며, 세계섬을 지배하는 자는 세계를 지배한다"면서 동유럽을 한 국가가 지배하지 못하도록 분열시켜야만 심장지역 전체가 한 세력의 수중에 들어가는 것을 막을 수 있다고 판단했다.

미국의 지정학자 스파이크먼은 매킨더와 비슷하게 어떻게 하면 유라시아 대륙이 단일세력의 수중에 들어가는 것을 막을 것인가라는 문제의식에서 출발하였다. 그는 지리가 한 국가의 정책 형성에서 가장 기본적인 결정요소를 이룬다고 보았다. 왜냐하면 국가의 지리적 성격은 비교적 안정되어 있고 변할 수 없으므로 그 지리적 열망 역시 수세기 동안 동일하기 때문이다. 그런데 세계는 각 국가의 욕구가 다른 국가의 욕구와 갈등을 빚지 않는 행복한 상황에 아직 도달하지 못했기 때문에 이런 지리적 열망은 여전히 마찰의 근원이 되고 있다고 보았다.

스파이크먼은 매킨더의 세계구분을 차용했지만, 하트랜드가 아니라 림랜드의 중요성을 강조했다. 매킨더의 사고방식이 하트랜드의 개념을 중심으로 구성되었다면, 스파이크먼의 사고방식은 림랜드를 중심으로 전개된다. 그는 유라시아 대륙을 하트랜드Heartland, 림랜드Rimland, 근해대륙지대Off-Shore Continents로 나누었다.

하트랜드는 매킨더가 구분하였던 것과 같은 지역으로 석유, 석탄 등 지하자원과 수자원 등이 풍부하며, 철도와 도로 및 항공로를 통해 이동성이 높아지고 있는 지역이다. 림랜드는 매킨더의 내부 초승달지역에 해당되는

---

[2] 매킨더는 서로 연결되어 있는 유럽, 아시아, 아프리카를 대양 위에 떠 있는 하나의 거대한 섬으로 표현하였다.

지역으로, 하트랜드와 대륙 주변에 있는 바다들 사이에 자리 잡고 있다. 그곳은 대륙세력과 해양세력의 중간지역으로서 완충지 역할을 하면서, 두 세력 모두에 대항해서 스스로를 방어해야 한다. 근해대륙지대는 유라시아 대륙 림랜드의 외부에 있는 해양 대륙이나 도서 국가들을 의미하며, 매킨더의 외부 초승달지역과 비슷하다. 여기에는 아프리카 대륙, 오스트레일리아 및 영국, 일본 등이 포함된다.

    스파이크먼은 역사적 사례를 보았을 때 단순한 대륙세력과 해양세력간의 충돌은 없었다고 주장했다. 역사적인 동맹에는 항상 림랜드 국가가 끼어 있었거나, 영국과 러시아가 함께 우세한 림랜드 세력을 견제하는 것이었다고 하였다. 매킨더는 하트랜드를 육상수송수단의 발전으로 더욱 강력하고 통일적으로 될 것이라고 생각했다. 그러나 스파이크먼은 러시아의 경제와 지리의 실제 모습은 그렇지 않다고 매킨더의 주장에 반박하였다. 기후분포를 보면 러시아에서 농업기술의 혁명적인 발전이 이루어지지 않는 한 경작 가능한 지역은 전체 지역 가운데서 극히 적은 부분에 지나지 않는다. 또한 이 지역의 교통망은 세계적인 수송로의 관점에서 보면 북쪽, 동쪽, 남쪽 그리고 남서쪽이 모두 최대의 수송 장애물들로 둘러 싸여 있다. 세계의 유전지대와 석탄·철강의 지리적 분포를 보면 우랄산맥 서부에 편재되어 있다. 따라서 스파이크먼은 가까운 장래에 중앙아시아는 의심의 여지없이 상당히 낮은 잠재력의 지역으로 남아 있게 될 것이라고 단언했다.

    스파이크먼이 말하는 림랜드는 하트랜드와 연해 사이에 있는 일종의 중개지역이다. 중개지역은 해양세력과 대륙세력 사이에서 하나의 거대한 완충지대로서 기능을 한다. 림랜드 지역은 농업 활동에 적합한 기후 조건을 가진 인구밀집 지역이다. 그리고 정치적 기반은 다소 약하나, 해상진출의 기회가 많고 해상교통이 편리한 지역이다. 따라서 림랜드 지역을 개발할 수 있는 과학기술이 뒷받침된다면, 이곳의 지정학적 가치는 매우 커지고 세계 통제의 열쇠가 될 수 있다.

스파이크먼은 매킨더의 격언에 빗대어 이렇게 주장했다. "림랜드를 통제하는 자는 유라시아를 지배하고, 유라시아를 지배하는 자는 세계의 운명을 지배한다." 림랜드의 국가가 이 지역을 통합한다면 대륙과 해양으로 세력을 팽창할 것이다. 중요한 대륙세력이 림랜드를 장악한다면 해양세력이 대륙의 연안지대에 닻을 내리는 것을 막을 수 있다. 그리고 해양세력이 동일 지역을 장악한다면, 대륙세력의 팽창을 차단하면서 대륙 공간으로 침투할 수 있는 발판으로 사용할 수 있다.

또한 그는 미국의 정책에 대해 다음과 같이 조언했다. 림랜드가 심장지역보다 더 중요하므로 해양세력인 영국과 미국, 대륙세력인 러시아가 서로 협력하여 유라시아 대륙의 해안지대를 통제함으로서 세계의 세력관계를 지배해야 한다. 유럽과 아시아의 림랜드를 통제하려는 것은 유럽 문명의 원칙과 이상을 해치려는 패권세력들이 이 지역에서 나오는 것을 막으려는 목적이다. 또한 유라시아 대륙의 림랜드가 통합되면 미국은 유라시아 대륙에 발을 붙일 수 없게 될 것이므로, 미국은 림랜드가 통합하는 것도 막아야 하고, 대륙세력이 림랜드를 흡수하는 것도 막아야 한다.

살펴본 세 학자의 이론들은 지구 위의 세력을 대체로 대륙세력과 해양세력으로 구분하고 —스파이크먼은 림랜드의 수륙양면세력을 추가— 이중 어느 세력이 어떻게 미래의 결정적인 권력을 장악할 것인가'라는 질문에 대한 해답을 찾고 있다. 역사적으로 대륙세력과 해양세력의 경쟁이 있을 때마다 빈번하게 그들의 전장이 되었던 한반도의 입장에서 이 이론들은 매우 큰 설명력을 가진다.

특히 스파이크먼의 림랜드 이론은 왜 한반도가 해양세력과 대륙세력에게 동시에 중요한지를 잘 밝혀주고 있다. 그의 이론에 따르면 중요한 대륙세력이 림랜드를 장악한다면 해양세력이 대륙의 연안지대에 닻을 내리는 것을 막을 수 있고 해양 침투가 가능해진다. 그리고 해양세력이 동일 지역을 장악한다면, 대륙세력의 해양진출을 차단하여 팽창을 막는 동시에 대륙 공간으로 침투할 수 있는 발판이 된다. 따라서 림랜드는 경쟁하는 두 세력 모두에게 중요할 수밖에 없었다. 실제로 임진왜란, 청일전쟁, 러일전쟁, 한국전쟁은 모두 대륙세력과 해양세력 간의 전쟁이었다. 네 사례 모두에서 대륙세력은 해양세력이 한반도를 점령하여 대륙세력을 봉쇄하고 나아가 자국에 대한 공격의 발판으로 삼을 것이라고 우려하였다. 반대로 해양세력은 대륙세력이 한반도를 점령하여 자국의 대륙 출입을 차단하고 해양 침투를 위한 거점으로 삼을 것을 우려하였다.

그러나 앞서 살펴본 세 학자의 이론들은 강대국의 행위, 즉 지정학적 주체의 행위에만 초점을 맞추고 있다. 그래서 이들의 이론을 한반도 사례에 적용할 경우 한반도의 행위자에 대해서는 아무 것도 설명할 수 없다는 약점이 있다. 강대국에만 집중하는 경향은 다른 지정학 연구에서도 나타난다. 왜냐하면 기존의 지정학 연구는 강대국의 세계 전략 차원에서 연구되었으며, 비강대국들은 강대국들이 경쟁하여 쟁취해야 하는 지정학적 객체로만 다루어져 왔기 때문이다.

약소국의 경우 지리적 위치가 생존에 매우 큰 영향을 미침에도 불구하고, 그들의 입장에서 논의한 지정학 연구는 양적, 질적으로 부족한 실정이다. 특히 빈번히 강대국 경쟁의 객체가 되는 약소국은 지정학적 관점에서 중요한 가치를 가지고 있다. 그래서 이러한 약소국의 지정학을 연구하기 위해서는 기존의 강대국 중심 연구에서 다루어진 약소국의 지정학적 가치를 먼저 살펴보아야 할 것이다.

기존 지정학이 관심을 가진 지정학적 객체 중 첫 번째는 교통의 요충지였다. 이를 주장한 대표적 학자는 마한이다. 마한 사상의 이론적 기초는 '세계 정치는 바다를 제어하기 위한 지속적인 투쟁'이라는 인식에서 출발한다. 그는 강한 해군력과 특정한 전략적 해협에 대한 통제권을 행사할 수 있을 때, 비로소 세계 지배가 가능하다고 보았다. 마한의 주장은 국가가 강해지기 위해 해양을 통해 무역을 해야 하고, 해양무역을 보호하기 위해 해군이 강해야 한다는 것이다. 국가의 정책 목표는 '강국'이고, 목표를 달성하기 위해서는 해군을 증강시키고 해양교통의 요충지에 거점을 마련해야 한다. 즉 마한에게 가장 중요한 지정학적 객체는 '교통의 요충지'였다. 매킨더 역시 교통의 요충지에 대해 언급하였다. 그는 하트랜드와 아라비아를 점유한 군사강국은 수에즈에 있는 세계의 교차로를 쉽사리 점유할 수 있을 것이라고 우려하였다. 실제로 파나마 운하, 수에즈 운하, 지브롤터 해협, 말라카 해협 등을 둘러싼 각국의 치열한 경쟁 사례는 교통의 요충지가 대표적인 지정학적 객체임을 말해준다.

두 번째의 지정학적 객체는 자원의 보고들이다. 매킨더가 하트랜드의 중요성을 설파하면서, 이 지역은 면적이 넓고 인구·밀·목화·연료(석탄)·금속의 잠재력은 헤아릴 수 없이 크기 때문에 교통로가 발달한다면 향후 넓은 경제세계를 이룰 것이라고 주장했다. 거기에다가 이곳은 해양세력이 접근할 수 없는 천혜의 지형 환경을 가지고 있다. 즉 자원이 풍부하고 방어가 유리한 하트랜드가 교통수단만 갖춘다면 엄청나게 발전할 것으로 본 것이다.

제2차 대전 직전까지의 지정학은 동유럽과 하트랜드에 많은 관심을 두었다. 당시에 필요로 했던 자원인 철과 석탄이 이 지역에 많이 분포되어 있다는 경제적인 이유가 정치적인 관심을 자극했다. 하지만 20세기 중반 이후 국가발전에 필요한 주요 에너지 자원이 석탄에서 석유와 가스로 대체되었다. 이와 함께 석유 자원의 안정적 관리 문제가 지정학의 중요한 이슈가 되면서 중동지역에 대한 관심이 늘었다. 따라서 매킨더의 논리를 현재의 상황에 적용시킨다면 석유와 천연가스 매장지역이 지정학적 관심 지역이며, 이 곳을 통제하는 자가 세계를 지배할 수 있게 되는 것이다. 이것은 최근에 활발히 연구되고 있는 에너지 안보의 지정학과 연결되어 있다.

교통의 요충지와 자원의 보고 외에도 강대국의 경쟁을 불러일으키는 약소국들이 있다. 그것은 경쟁하는 강대국들 사이에 위치한 약소국 또는 약소지역으로, 흔히 완충지대라고 부른다. 마한은 위도 30-40도 사이의 아시아 지역을 대륙세력인 러시아와 해양세력인 영국 사이의 결정적 갈등지대로 인식했다. 그는 이 지역은 정치적으로 주인이 없는 땅이기 때문에 이를 둘러싸고 러시아와 유럽 해양세력들 사이에 지속적인 경쟁이 존재했다고 보았다. 마한은 지리적 위치 때문에 러시아가 이 경쟁에서 유리하므로 앵글로-아메리카 동맹에 의하여 이를 저지해야 한다고 주장하였다.

매킨더는 유라시아 대륙 주변으로 하트랜드의 추축국이 팽창하여 추축국에 유리한 세력 구도가 형성된다면 광대한 대륙의 자원을 함대 건설을 위해 사용할 것이며 결국 세계제국이 될 것으로 예상했다. 이것은 독일이 러시아와 동맹을 맺으면 생겨날 수도 있다고 보았다. 이를 막기 위해 매킨더는 슬라브 문화와 게르만 문화 사이에 '방역 지대$^{cordon\ sanitaire}$', 즉 완충지대를 형성하고 동유럽을 한 국가가 지배하지 못하도록 분열시켜야 한다고 주장하였다. 그의 주장은 "동유럽을 지배하는 자는 심장지역을 지배하고, 심장지역을 지배하는 자는 세계섬을 지배하며, 세계섬을 지배하는 자는 세계를 지배한다."는 문장으로 집약되는데, 이것은 하트랜드의 중요성과 더불어 완충지대인 동유럽의 중요성까지 강조한 것이었다.

매킨더의 완충지역에 대한 논의는 스파이크먼의 림랜드 이론에서 더욱 확대되었다. 스파이크먼이 말하는 림랜드는 앞서 언급했듯이 해양세력과 대륙세력 사이에서 하나의 거대한 완충지대로서 기능을 한다. 림랜드 지역은 농업에 적합한 기후 조건을 가지고 있고, 유럽, 인도, 중국 등 커다란 문명들이 존재했던 인구밀집 지역이며, 해상 교통이 편리하여 해상 진출의 기회도 많다. 따라서 림랜드 지역이 세계 통제의 열쇠가 될 수 있다고 본 것이다.

앞에서 다루지는 않았지만 저명한 지정학자인 코헨$^{\text{S. B. Cohen}}$ 역시 완충지대와 비슷한 지역에 관심을 가졌다. 그는 지리적, 정치적 힘의 상호작용으로 형성되는 지정학적 구조로 지구를 구획하였다. 그는 가장 높은 수준의 광범위한 구조, 즉 세계적 강대국들의 세력권을 지전략적 영역$^{\text{geostrategic realms}}$으로 명명하였다. 코헨은 냉전시기 지전략 영역은 미국 중심의 해양세력과 소련 중심의 대륙세력 등 두 개의 영역으로 구성되어 있었지만, 탈냉전시대에는 대서양-태평양의 무역의존적 해양영역과 유라시아 대륙의 러시아 하트랜드, 그리고 동아시아의 해양-대륙 혼합지역 등 세 개의 영역으로 변화하였다고 보았다. 지전략적 영역의 하위 개념은 지정학적 지역$^{\text{geopolitical region}}$으로 설정하였는데, 지리적 인접성, 정치·문화·군사적 상호작용, 역사적 이주 등을 고려할 때 지구상에 12개의 지정학적 지역$^{\text{geopolitical region}}$이 존재한다고 하였다.

코헨의 구획 중 완충지대와 관련이 있는 것은 분산성 지역^{shatterbelt}과 압착 지역$^{\text{compression zone}}$이다. 분산성 지역은 경쟁하는 지전략 영역 사이에 존재하며 이들 세력 간의 경쟁에 갇혀 있는 지역을 뜻한다. 이들 지역은 내부적으로 갈등이 심하고 반란, 쿠데타 등으로 정치적으로 분열되어 있는데 이러한 분열은 지전략 영역의 초강대국간 경쟁으로 더욱 강화된다. 압착 지역은 초강대국의 지전략 영역이 아니라 지역 강대국의 지정학적 영역 사이에 존재하는데, 이 지역은 이웃 국가들 간의 경쟁과 내부적 불안으로 분열되어 있다.

살펴본 바와 같이 주요 지정학 연구들에서 지정학적 객체에 대한 논의를 종합해 볼 때, 강대국의 경쟁을 불러일으킬 만한 지정학적 가치를 지니는 곳은 ① 교통의 요충지, ② 지하자원(특히 에너지)이 풍부한 곳, 그리고

③ 강대국 사이의 완충국 또는 완충지대로 나눌 수 있다. 강대국의 지정학은 이러한 곳들을 점령 또는 자국의 영향력 아래 두거나, 적어도 경쟁국의 영향력을 최소화하는 것을 목적으로 한다.

위 세 가지 중 하나 또는 그 이상의 가치를 지닌 약소국은 어김없이 강대국의 경쟁 대상이 되어 왔다. 한반도는 세 가지 지정학 객체 중 완충국의 경우에 해당된다. 과거부터 현재까지 한반도의 운명에 가장 큰 영향을 준 것은 대륙세력과 해양세력 사이에 위치하는 반도국가라는 지리적 조건이었다. 임진왜란 당시의 조선은 명과 일본 사이, 청일전쟁기에는 청과 일본 사이, 러일전쟁기에는 러시아와 일본 사이, 한국전쟁기에는 소련·중국과 미국 사이에 위치한다는 지리적 특징 때문에 강대국 경쟁의 장이 되어 왔던 것이다. 비록 앞서 살펴본 지정학 이론들은 강대국을 중심으로 하는 이론이지만, 이 이론들은 왜 한반도가 경쟁의 객체가 되어 왔는지를 알려주고 있다.

대륙세력과 해양세력의 경쟁을 중심으로 하는 지정학 이론은 국제관계의 역학을 지나치게 단순화하고, 단정적으로 예측하는 경향이 있다. 그럼에도 불구하고 지금까지 강대국들의 국제관계의 대강을 설명하는 데에 상당한 유용성을 보여 왔다. 하지만 이 이론들은 어떠한 메커니즘을 통해 언제, 어떠한 상황에서 두 세력 사이에 갈등이 일어나는지에 대한 자세한 설명을 하지 않고 있기 때문에 우리의 입장에서 구체적인 대응책을 구할 수 없다. 향후 한국의 국제정치학계에서 이러한 한계점을 고려하여 한반도에 적용 가능한 지정학 연구가 더욱 활발하게 이루어지기를 기대해 본다.

―본 해제는 역자의 박사학위 논문 중 일부를 발췌 수정한 것임.

참고문헌

- Cohen, S. B., *Geopolitics of the World System*. Lanham, Boulder, New York, Oxford: Rowman&Littlefield Publishers, INC, 2003.
- Fifield, Russell H. and Pearcy, G. Etzel, *Geopolitics in Principle and Practice*. Boston: Ginn and Company, 1944.
- Gray, Colin S., *The Geopolitics of the Nuclear Era: Heartland, Rimlands, and the Technological Revolution*. New York: National Strategy Information Center, Inc, 1977.
- Grygiel, Jackub J., *Great Powers and Geopolitical Change*. Baltimore, Md: The Johns Hopkins University Press, 2006.
- Kristof, L. KID., "The Origin and Evolution of Geopolitics." *Journal of Conflict Resolution* No.4 (1960).
- Mackinder, Halford J., "The Geographical Pivot of History." *The Geographical Journal* Vol.23, No.4 (April, 1904).
- Mackinder, Halford J., *Democratic Ideals and Reality*. Washington DC: National Defense University Press, 1996.
- Mahan, Alfred T., *The Problem of Asia and Its Effects upon International Policies*. Boston: Little, Brown, 1900.
- O'Sullivan, P., *Geopolitics*. London: Croon Helm, 1986.
- Sloan, G. R., *Geopolitics in United States Strategic Policy 1890~1987*. Worcester, 1988.
- Spykman, Nicholas and Abbie A. Rollins, "Geographic Objectives in Foreign Policy (I, II)." *The American Political Science Review*, Vol.33, No.3,4 (1939).
- Spykman, Nicholas John, *The Geography of the Peace*. New York : Harcourt&Brace, 1944.
- Spykman, Nicholas John, "Frontiers, Security, and the International Organization." *Geographical Review*. Vol.32, No.3 (July 1942).
- Spykman, Nicholas, "Geography and Foreign Policy (I, II)." *The American Political Science Review*, Vol.32, No.1,2 (1938).
- Turmanidze, Tornike, *Buffer States: Power Politics, Foreign Policies and Concepts*. New York: Nova Science Publishers, Inc., 2009.
- 김우현, 『세계정치질서』. 서울: 한울아카데미, 2001.
- 알프레드 세이어 마한 지음, 김주식 역, 『해양력이 역사에 미치는 영향 I』. 서울: 책세상, 2006.
- 이영형, 『지정학』. 서울: 엠-애드, 2006.
- 필립 모로 드파르쥐 저, 이대희·최연구 옮김, 『지정학 입문-공간과 권력의 정치학』. 서울: 새물결, 1997

미국과 중국의 패권 경쟁과 한국의 지정학적 운명

오세정(정치학 박사)

냉전의 종식과 함께 찾아온 신자유주의의 확산으로 전 세계는 평화의 분위기를 만들어냈고 정보 통신의 발달로 인해 전 세계의 지리적 한계는 축소되었다. 국가 간의 상호 의존과 자유로운 경제 교류는 주권의 의미를 약화시키며 지리적 명확성을 불분명하게 만들었다. 그러나 이러한 국가 간의 급격한 변화 속에서 지정학은 변화하지 않았다. 지정학은 현실주의 국제 정치의 중심축이 되어 국가 간의 관계를 여전히 잘 설명하고 있다. 하트랜드Heartland와 림랜드Rimland라는 지정학의 본질적인 용어는 국가의 흥망의 비밀을 파헤치는 핵심이다. 중심부의 국가는 끊임없이 주변부의 국가들을 정복하거나 혹은 동맹을 맺으며 세력을 확대해 나간다. 하지만 이러한 세력의 확장 동기는 또 다른 중심부의 세력 확장에 대한 두려움에서 기인한다. 지정학적 관점에서, 한 대륙 안에 모든 국가들은 연결되어 있으며 군사 기술의 발전으로 바다의 차단성이 무의미해졌다. 국가들은 봉쇄당하는 것을 피하기 위해서 동맹, 반동맹, 확장 및 정복 정책을 추진한다. 모든 국가는 다른 국가에 의한 봉쇄와 공격을 염려해야 하는 상황에서 다른 국가의 상대적 국력의 확대는 두려움의 강력한 근원이 된다. 중심부 국가들은 세력 확대를 위하여 주변부 국가들에게 정복 혹은 동맹 정책을 추진하게 된다. 따라서 주변부 국가들의 운명은 '중심부 국가들의 정책에 어떻게 대응하는가'에 따라 결정된다. 아시아에는 미국과 중국이라는 중심부 국가가 있고 이들에 의해 아시아의 운명은 결정된다.

미래 아시아의 질서는 어떻게 구성될 것인가? 그리고 한국의 운명은 어떻게 결정될 것인가? 사실상 아시아 질서의 미래를 결정짓는 수많은 변수들은 동아시아에 집중적으로 존재해왔다. 특히 북한의 핵개발, 동아시아 국가들의 해결되지 않은 과거사, 영토 분쟁, 일본의 군사 대국화 그리고 중국과 대만의 갈등은 아시아의 미래 운명이 동아시아에서 이루어지고 있음을 나타낸다. 따라서 '아시아의 안보 질서'는 '동아시아의 안보 질서'로 명명되며 동아시아에 관심이 집중되어 왔다. 그리고 수십 년 동안 미국은 동아시아에 강력한 힘을 투사함으로써 동아시아의 갈등을 통제하며 극한 대립으로의 확산을 차단해왔다. 따라서 동아시아는 미국의 '외교·군사·안보 전략'으로 '갈등 속 안정'을 확보해 왔다. 미국의 동아시아 지역에 대한 강력한 힘의 투사는 사실상 패권의 유지를 위한 수단이며 그 궁극적인 지점은 중국을 향하고 있다. 대표적으로 한미 동맹과 미일 동맹은 중국의 동아시아 패권을 차단하기 위한 봉쇄 전략이 되었다. 따라서 동아시아 미래의 운명은 '미국의 패권 유지 전략에 중국이 어떻게 반응할 것인가'에 달려 있다. 즉, 중국은 미국의 패권에 순응할 것인가? 아니면 도전할 것인가? 한국의 국제정치학자 강성학은 중국의 아시아 패권 도전을 국제관계의 무정부 속성에서 비롯한 필연적 결과로 본다.

국제 사회에서 국가들은 지위, 위신, 권력에 의해 위계를 형성하며 배열된다. 국가들은 불평등하게 태어난다. 국제체제는 무정부 속성을 가지고 있으며 그 무정부 속성에서 힘은 '정의'이며 힘과 부의 분화는 국가 간의 불평등을 더욱 더 강화시킨다. 따라서 국가들은 끊임없이 힘을 추구한다. 한정된 물질적 자원 속에 국가의 힘의 추구와 국력의 성장은 자원의 희소성을 야기하게 되고 이것은 필연적으로 국가 간의 경쟁과 대립을 유발한다. 즉, 한 국가의 일방적인 경제성장은 국제체제에서 힘의 재분배와 현상유지의 파괴를 야기하여 다른 국가와의 대립이 필연적으로 수반될 수밖에 없다. 중국은 민주주의 국가가 아니다. 용으로 명명되는 중국은 힘의 인정과 국제사회에서 위신의 확보를 위하여 더 높은 하늘로 승천을 시도할 것이다. ―강성학

미국의 국제정치학자 미어샤이머[John Mearshiemer] 역시 한정된 자원의 국제구조에서 희소한 자원의 획득을 위해 국가들은 필연적으로 현상 파괴적인 성향을 보이며, 공격적인 성향을 바탕으로 팽창주의적인 모습을 보일 수밖에 없다고 강조한다. 그리고 중국도 예외가 아님을 지적한다.

부강한 중국은 현상유지 성향의 국가가 아니며 지역적 헤게모니 달성을 결심한 공격적인 국가이다. 비록 현재 중국이 미국과 균형을 이루거나 대항할 정도로 충분히 강력한 국가는 아니더라도 궁극적으로는 미국과 대결을 피할 수 없다. 국가의 가장 중요한 속성은 강성권력, 연성권력 그리고 물질적 능력, 비물질적 능력을 포함하는 상대적 국력이다. 국가들의 목적은 지속적으로 변경되는 것에 비해 그 목적을 추구하는 수단은 결국 국력이라는 것에는 변함이 없다. 따라서 국가들은 기본적으로 서로 닮아 있으며 국가를 구별하는 것은 얼마만큼의 힘을 보유했는가의 여부이다. 그러므로 희소한 자원을 확보하기 위한 팽창과 예방 전쟁은 무정부의 국제 질서에서

안보와 더 강력한 힘을 성취하는 가장 적합한 수단이다. 이러한 상황 아래에서 지역적 패권을 달성하지 못한 모든 강대국들은 공격적인 의도를 가진 '현상 타파 국가'가 될 수밖에 없다. 그리고 그 지역을 지배할 잠재력을 가진 국가들은 지역 패권을 달성하기 위해 맹렬하게 노력한다. 개별국가의 독특한 특성 때문이 아니라 국제체제의 구조가 그들을 공격적으로 행동하게 만들고 패권을 추구하게 만든다. ─존 미어샤이머[John Mearsheimer]

위의 두 주장에서 알 수 있듯이, 무정부의 국제체제의 속성, 힘을 보유한 국가들의 패권 지향적 성향 그리고 중국의 공격적 성향을 고려할 때 중국이 '현상에 만족하는 국가'로 남을 가능성은 없을 것으로 판단된다. 즉, 중국은 '현상 파괴 국가'의 모습을 표출할 가능성이 높다. 그리고 현상의 파괴란 미국의 패권 질서의 파괴를 의미한다.

중국은 이미 대륙을 넘어 해양에서 미국 패권에 도전하는 현상 파괴 정책을 시작하였다. 즉, 중국은 대륙 중심지 국가의 모습에서 해양 중심지의 국가로 자신의 지정학적 영역을 확대해나가고 있다. 특히 중국은 태평양을 넘어 인도양에 자신의 지정학 지도를 다시 그리고 있다. 인도양에 대한 지정학적 중요성은 많은 지정학자들이 주장해왔다. 지정학자이며 해군전략가인 마한[Alfred Thayer Mahan]은 "인도양과 태평양은 지정학적 운명의 중심점이며, 해양 국가들이 유라시아의 주변지역의 세력 투사를 가능하게 하는 곳이기도 하다. 따라서 인도양을 통제하는 국가는 아시아를 지배하게 될 것이며 21세기 세계의 운명은 인도양에 의해 결정될 것"으로 전망했다. 경제적으로 인도양은 아프리카, 유럽 그리고 아시아의 교역 통로였다. 중세 시대 베니스로부터 일본까지의 실크로드는 인도양을 통해 이루어졌고, 이곳은 아시아 무역의 중심을 이루었다. 따라서 "인도양의 말라카 해협을 지배하는 국가는 베니스의 목덜미를 잡는 것이다", "세계가 달걀이라면 인도양의 호르무즈 해협은 달걀의 노른자이다"라는 속담이 존재할 정도로 인도양은 아시아와 유럽을 연결하는 경제적 요충지였다. 현재 대륙 간 무역의 90퍼센트와 모든 석유 공급의 3분의 2가 해양을 통해 이루어진다. 전 세계 해상 수송의 절반은 인도양을 거치며 중동에서 태평양으로의 석유 수송은 70퍼센트가 인도양을 통해 이루어진다. 아시아, 아프리카, 유럽을 연결하는 최적의 지정학적 위치에 있는 인도양에 대해서 캐플런은 인도양의 지배는 세계 패권으로 이어진다고 주장했다.

> 중동의 에너지와 자본, 아프리카의 자원, 그리고 중국과 인도의 투자와 시장의 조합은 경제발전의 상호 파트너십 이상의 의미를 갖는다. 부는 상호 교류와 무역을 가능하게 하지만 또한 그 확대된 부를 통해 국가들은 영향력과 권력을 구입할 수 있다. 유럽의 강대국이 지중해를 통해 대서양과 태평양을 건너며 새롭고 강력한 부를 생산해 낸 것처럼 인도양의 강대국들은 인도양을 통해 아프리카, 중동 유라시아를 건너 권력과 야망을 증대시킬 것이다. 그렇게 인도양은 고대와 중세 시대처럼 세상의 중심에 서게 되었다. 빽빽하게 연결된 국제 관계 속에서 인도양의 함의를 파악하는 능력은 미국의 운명과 서구의 운명을 결정할 것이다. 그러므로 인도양은 '미국 패권'의 미래를 예측하는 본질적인 장소가 될 것이다. —로버트 캐플런^{Robert D. Kaplan}

중국의 전 국가주석 후진타오^{胡錦濤}는 말라카 해협의 딜레마^{Malacca's Dilemma}를 언급하며 해양에서 중국의 취약성을 걱정했다. 석유 수입과 해군력을 말라카 해협에만 집중하는 것은 중국의 해양력의 확대 가능성을 축소하는 것이기 때문에 중국은 바다에 대한 시선을 넓게 확장해야 한다고 주장했다. 따라서 중국은 인도양의 지배력을 확보하기 위해 새로운 해양 전략을 수

립했다. 그리고 중국의 인도양 패권 확보 전략은 '진주 목걸이 전략$^{\text{The String}}$ $^{\text{of Pearls}}$'으로 명명되며 미국의 신속한 대응을 유발했다. 중국의 '진주 목걸이 전략'이란 인도양에 전략 거점 지역들을 설정하고 '진주 목걸이'의 모양으로 중국의 영향력을 꿰어가는 것이다. 따라서 '진주'란 중국의 통제 지역 혹은 군사적 주둔 지역을 의미한다. 중국은 파키스탄, 미얀마, 방글라데시 그리고 스리랑카를 통해 '진주'를 꿰기 시작했다. 최근 최신의 군사 시설로 탈바꿈한 하이난 섬, 베트남의 동쪽 300마일 떨어진 서사군도에 위치한 작약도$^{\text{Woody Island}}$, 방글라데시의 치타공^{Chittagong} 항구, 미얀마의 시트웨^{Sittwe} 그리고 파키스탄의 과다르^{Gwadar} 항구는 모두 중국의 진주가 된다. 진주에 해당하는 지역의 나라에 최신의 군사시설, 항구 혹은 송유관을 건설하여 이들 국가와 외교적, 경제적, 군사적 협력을 확대해서 남아시아에 중국의 지배력을 확보하는 것이 진주목걸이 전략의 핵심이다.

그렇다면 왜 중국은 해양에 집중하는가? 첫째, 국가 간의 경제교류 그리고 에너지 자원의 수송로로서 해양은 경제발전을 이루는 데 있어서 가장 중요한 통로라는 것을 인지한 까닭이다. 둘째, 중국의 마오쩌둥은 소련과 영토 분쟁으로 인해 대륙을 통한 소련의 세력 확장을 염려해왔다. 따라서 모든 국방예산이 육군에 집중되어 왔고 상대적으로 해군력에 대한 투자의 필요성을 간과해왔다. 하지만 소련이 붕괴되고 중앙아시아 국가들과는 외교력을 통해 영토 문제를 효과적으로 통제하고 있다. 따라서 중국은 대륙의 안정화를 확보했고 해양에 집중할 수 있는 조건을 확보했다. 셋째, 중국은 '아시아의 패권 달성이 대륙의 지배뿐만 아니라 해양에 대한 지배가 달성되어야 가능하다는 것'을 인지했다. 중국은 지정학적으로 아시아의 중심이다. 따라서 대륙을 통한 아시아에 대한 지배는 상대적으로 용이하다. 대륙 국가라는 지정학적 요인으로 인해 중국은 해양보다 대륙에 집중해 왔으며 이로 인해 중국과 미국의 해양에서 힘의 균형은 붕괴되어 있었다. 중국은 이제 해양에서 잃어버린 힘의 공백을 회복하고 미국에 대한 패권 경쟁을 가속화하고 있다. 이러한 상황을 볼 때, 탈냉전 시대 아시아의 지정학은 냉전시대의 지정학과 매우 닮아 있다. 말하자면, 냉전시대 아시아의 중심부였던 소련의 지위는 중국이 대체하게 되었고 미국은 냉전시대 소련을 봉쇄했던 것처럼 지금 중국을 봉쇄하고 있다.

향후 미국과 중국의 패권 경쟁의 결과는 어떻게 될까? 그리고 한국은 어떠한 외교정책 노선을 선택해야 하는가? 한국의 국제정치학자 이춘근은 미국과 중국의 패권 경쟁의 결과에 대한 세 가지 시나리오를 제시한다. 각각의 시나리오에 따라 한국의 전략적 선택은 달라질 수 있다.

▣ 미국의 우위가 지속되는 경우

미국의 아시아 재균형$^{Rebalancing\ Asia}$ 전략의 성공으로 인해 효과적으로 중국의 패권을 차단한 경우이다. 미국은 지정학적으로 한국과 멀리 떨어져 있으며 자유 민주주의 체제의 유지와 확산을 추진하는 나라로서 한국의 영토적 지배를 원하거나 한국의 독립과 자유를 훼손할 가능성은 낮다. 따라서 한국은 현재 미국과 동맹관계를 공고히 하며 중국의 아시아 지역의 패권 도전을 차단하고 미국 우위가 지속하는 현재의 아시아 질서를 유지하는 데 기여해야 한다.

▣ 미국 패권이 확고해지고 아시아 주둔 미군이 철수하는 경우

현재 미국의 동아시아 전략에서 지속적으로 제기되는 것은 한미 동맹의 효용성 문제이다. 현재 미국의 입장에서 한미 동맹의 효용성은 중국 견제를 위한 아시아 재균형 전략에서 중국의 아시아 대륙 지배와 태평양의 지배를 차단하는 역할에 있다. 즉 동아시아 지역에 대륙의 끝과 태평양의 시작점에 있는 한국의 지정학적 위치는 미국에게 매우 매력적이다. 따라서 미국은 한국에 미군 주둔을 지속하고 있는 것이다. 하지만 미국의 압도적인 우위로 중국의 패권 도전이 싱겁게 종결되고 중국의 부상이 중단되는 경우, 한미동맹의 효용성과 한반도 주둔 미군의 명분이 축소되어 한미동맹의 폐기와 주한 미군의 철수가 단행될 수 있다. 한미동맹에 대한 군사적 의존성이 심화되어 있는 상황에서, 이러한 변화는 한국의 군사적 혼란과 안보 공백이 일시적으로 발생할 수 있다. 따라서 한국은 자주 국방을 위한 시스템과 자원의 확보에 내실을 기해야 한다.

▣ 중국이 아시아 패권을 장악하는 경우

중국이 미국과 패권 경쟁에서 승리하여 아시아 지역에서 패권을 달성하고 미국의 군사적 영향력의 공백과 동시에 한미동맹의 폐기가 이루어진 경우이다. 패권을 달성한 중국은 우리의 생존과 자유에 위협적일 것인가? 아니면 아시아 지역에 안정과 질서를 유지하는 온화하고 평화로운 모습을 보여줄 것인가? 먼저, 지정학적으로 중국은 한국과 매우 근접한 위치에 있다. 중국은 동북공정을 통해 과거의 한반도 역사를 자신의 역사로 편입하려는 노력을 지속하고 있다. 이것은 과거 한반도가 중국의 영토였음을 역사적으로 지리적으로 증명하려는 시도로서 한반도에 대한 정복 야욕을 보여준다. 또한 중국은 수직적 질서를 중시하는 전통 문화를 보유하고 있다. 따라서 한국의 영토를 지배하지 않더라도 수직적 질서 속에서 한국의 복종과 굴복을 요구할 수 있다. 이러한 과정 속에서 한국의 독립과 자주권의 침해가 발생할 수 있다. 마지막으로, 중국은 권위주의 정치체제를 고수하며 자국 내 국민들의 인권을 침해하고 자유를 구속하고 있다. 따라서 중국의 패권 달성 이후, 아시아 지역에 대한 통제 과정 속에서 중국의 폭력성이 아시아 주변 국가들에게 확산될 수 있다. 이러한 근거로 온화로운 패권국의 모습을 중국에게 기대할 수 없다. 따라서 이춘근은 중국의 패권 달성 이후, 한국의 전략적 선택은 3가지가 가능하다고 주장한다. 첫째, 중국의 패권을 인정하고 종속되어 자존심과 독립은 훼손되지만 생존을 확보하는 것이다. 둘째, 일본과 군사적 협력 혹은 동맹 관계를 체결하여 중국의 위협에 군사적 균형을 달성하는 것이다. 셋째, 독립을 유지하기 위해 핵무기를 보유하는 것이다.

    미국과 중국이 진행 중인 패권 경쟁에서 한국은 지정학적 고민에 빠질 수밖에 없다. 중국이 태평양을 지배하기 위한 시작점과 미국의 태평양 지배의 끝점은 한국이다. 이러한 지정학적 상황은 한국이 미중 패권의 결과에 중대한 변수가 될 수도 있다. 즉, 매력적인 지정학적 위치 때문에 한국은 미국과 중국의 지속적인 구애에 대한 선택권을 가지고 있는지도 모른다. 한국은 어떠한 선택을 해야 하는가? 지정학적 본질은 이러한 질문에 명확한 답을 줄 수 있다. 주변지^{Rimland}와 중심지^{Heartland}로 지정학적 배열이 구성된 상황에서 항상 연안 지역의 주변지 국가들은 대륙 중심지 국가들에게는 완충지대$^{buffer-zone}$로 인식되고 해양 중심지 국가들에게는 교두보$^{bridge-head}$로 인식되었다. 대륙 중심지 국가와 해양 중심지 국가들의 물리적 충돌은 연안지역에서 최초로 발생할 수밖에 없다. 따라서 대륙 중심지 국가와 해양 중심지 국가 간의 충돌 여부는 연안 주변지 국가의 운명을 결정한다. 이러한 지정학적 설명을 고려해 볼 때, 미국과 중국의 패권 경쟁이 물리적 충돌로 확대된다면 그 충돌의 시작점은 한국이 된다. 한국의 입장에서 미국과 중국의 패권 경쟁의 결과가 평화롭게 결정된다면 한국의 운명은 절망적이지 않다. 하지만 지금까지의 국제정치의 역사에서 평화로운 세력 전이는 매우 드문 현상이었다. 패권 세력 전이는 항상 전쟁이 동반된 결과를 보였다. 지정학은 한국에게 외교적 노선을 선택할 수 있는 기회를 주었지만 우리의 운명에 대한 선택권까지 부여한 것은 아니다. 즉, 주변지인 한국은 우리의 운명을 스스로 선택할 수 있는 입장이 아니다. 따라서 미국 패권질서의 유지와 새로운 중국 패권질서의 탄생 가능성에서 '어느 것이 우리의 생존과 이익에 유리한가'에 대한 고도의 합리적인 판단을 해야 한다. 미국 패권의 현질서가 유지될 것인가? 중국 패권의 신질서가 형성될 것인가? 잘못된 외교적 선택 혹은 모호한 외교적 입장은 국가의 운명을 절망으로 이끌 수 있다. 한국은 현명한 판단으로 외교정책의 노선을 명확하게 보여주어야 한다.

참고문헌

- 이춘근, 『미중 패권 경쟁과 한국의 전략』. 서울: 김앤김북스, 2016.
- Kang, Sung-Hack, *Korea's Foreign Policy Dilemmas: Defining Stater Security and the Goal of National Unification*. Kent: Global Oriental, 2011.
- Kaplan, Robert D., *The Revenge of Geography: What the Map Tells Us about Coming Conflicts and the Battle against Fate*. New York : House, 2012.
- Mahan, Alfred T., *The Problem of Asia and Its Effects upon International Policies*. Boston: Little, Brown, 1900.
- Mearshiemer, John, *The Tragedy of Great Power Politics*. New York: W. W. Norton, 2001.

부록

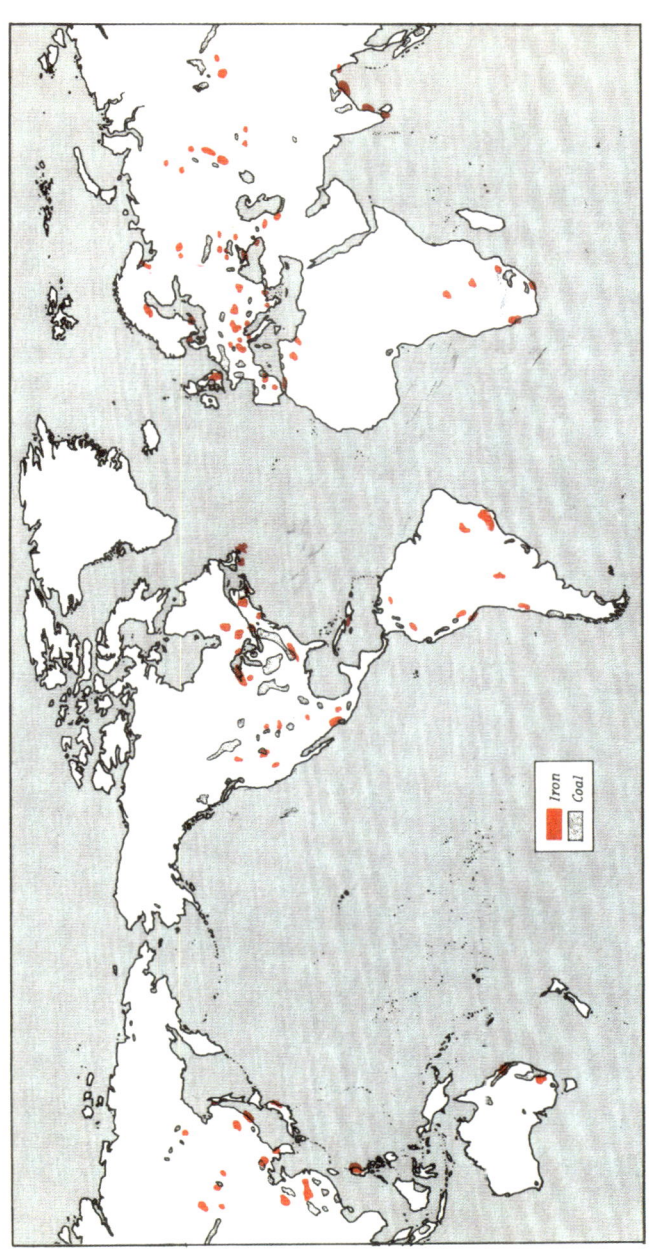

[지도 26] 석탄 및 철 자원 (본문 65p)

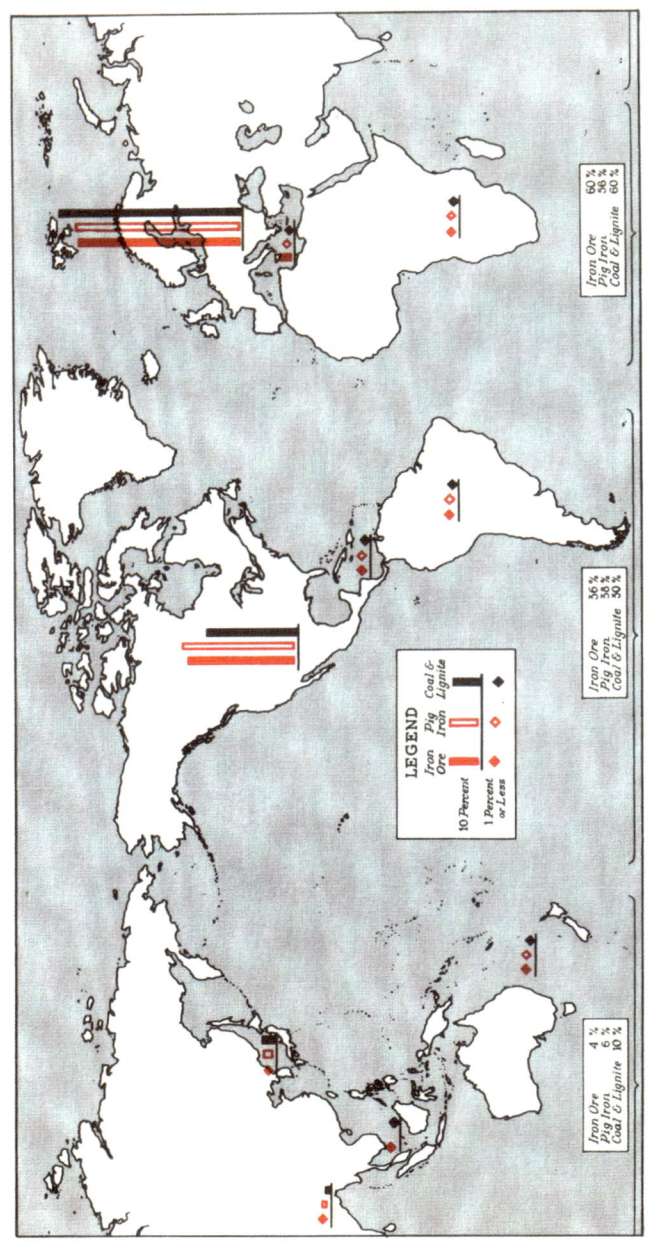

[지도 27] 석탄 및 철 생산량, 1937년 (본문 66p)
(유럽의 생산 총량에 소련의 생산량 포함)

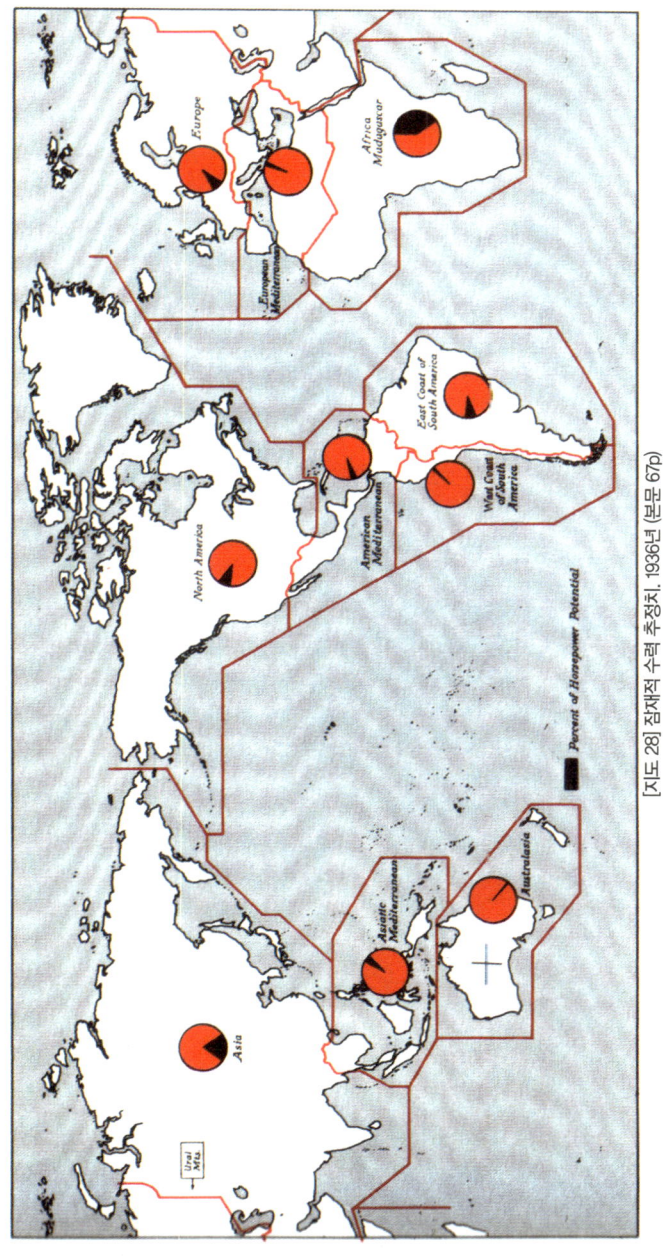

[지도 28] 잠재적 수력 추정치, 1936년 (본문 67p)

부록_ 별색 지도 163

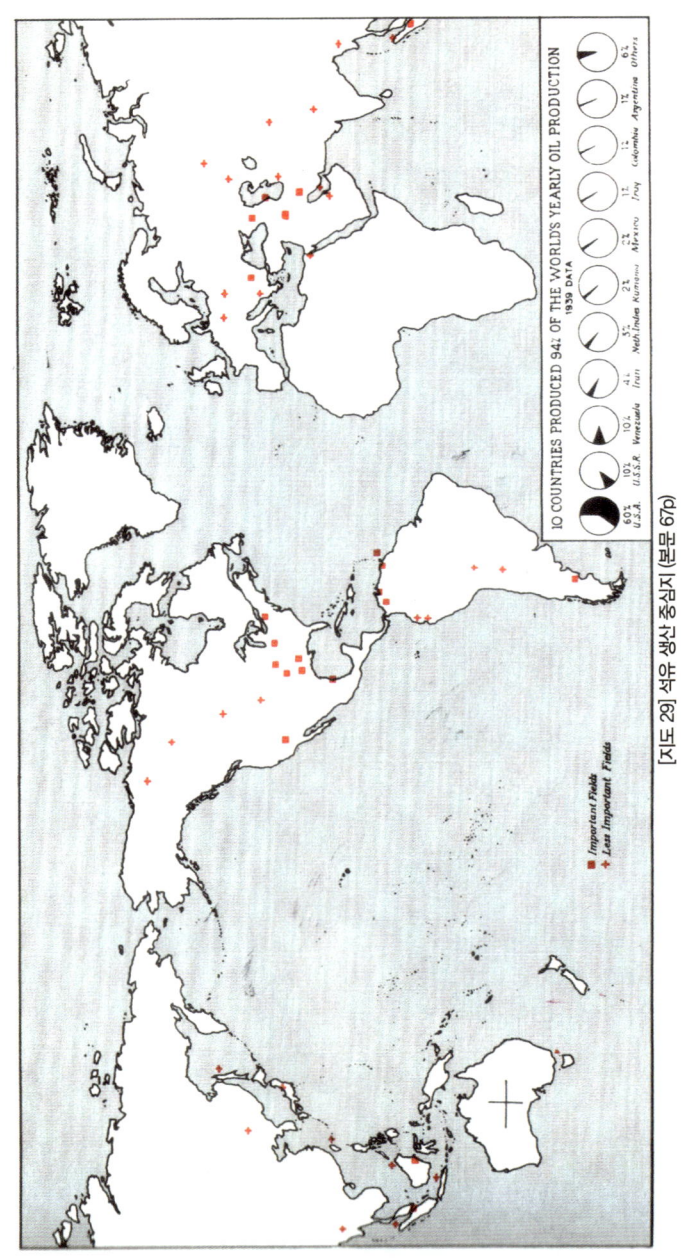

[지도 29] 석유 생산 중심지 (본문 67p)

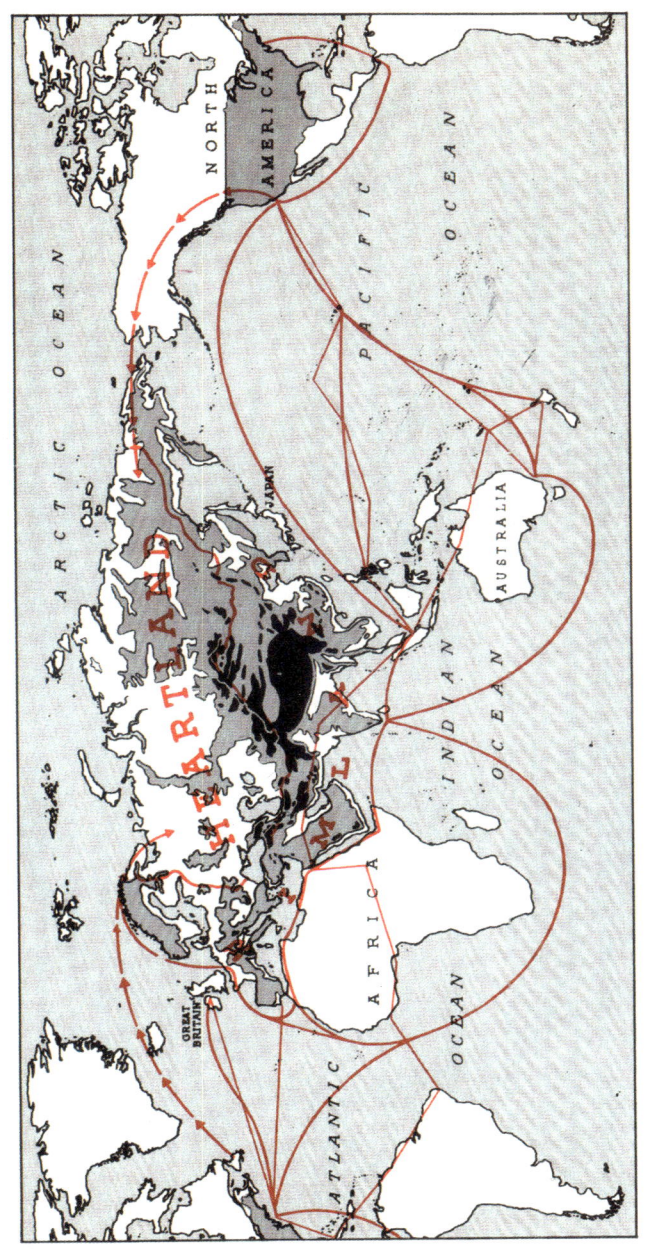

[지도 35] 유라시아의 지정학 지도 (본문 80p)

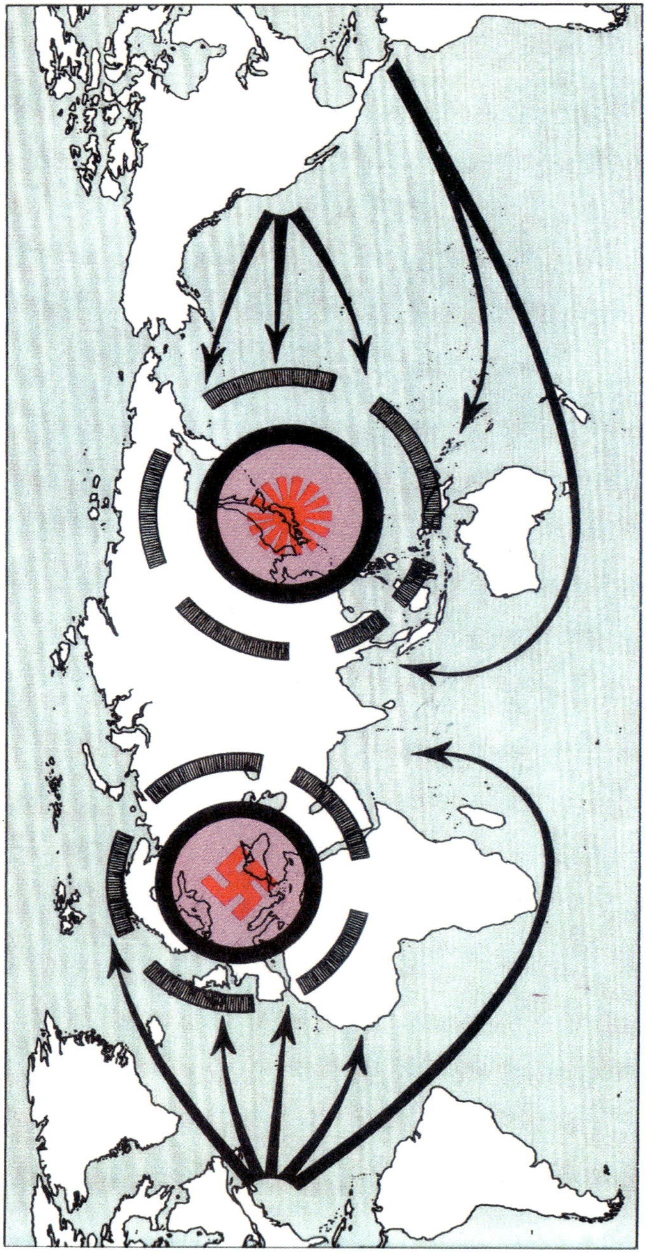

[지도 40] 단일세력 내 연합세력 (본문 98p)

166 평화의 지정학

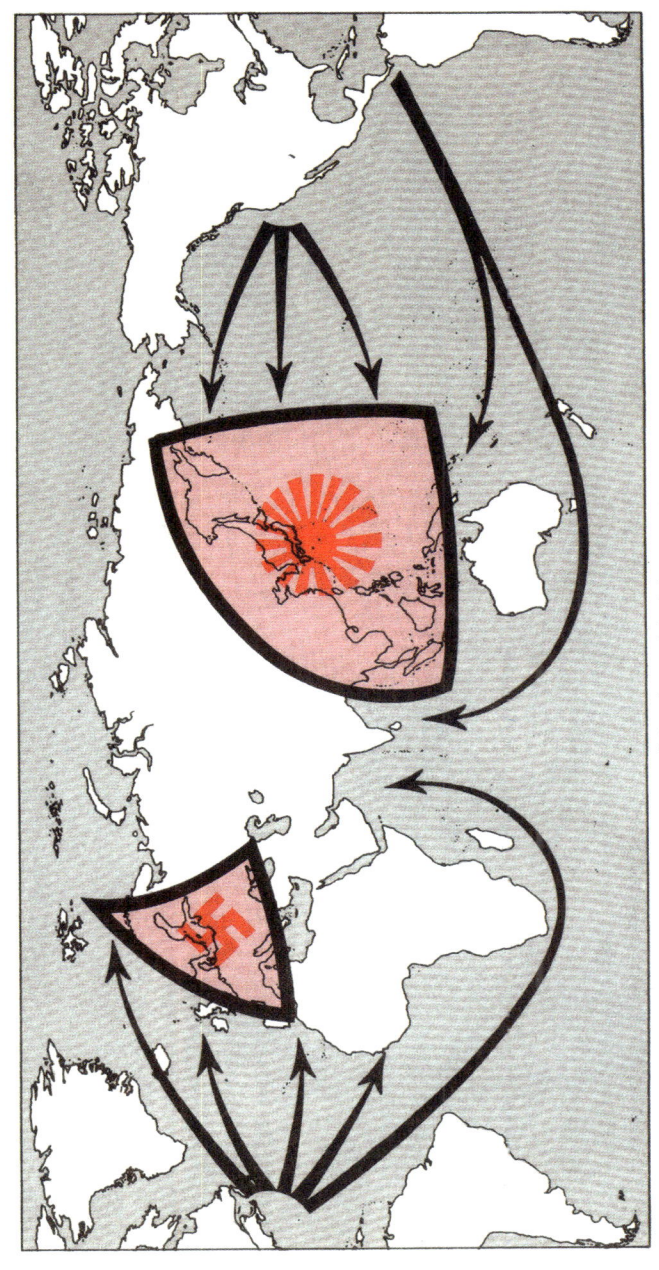

[지도 4] 1943년의 전쟁(본문 99p)

부록_ 별색 지도 167

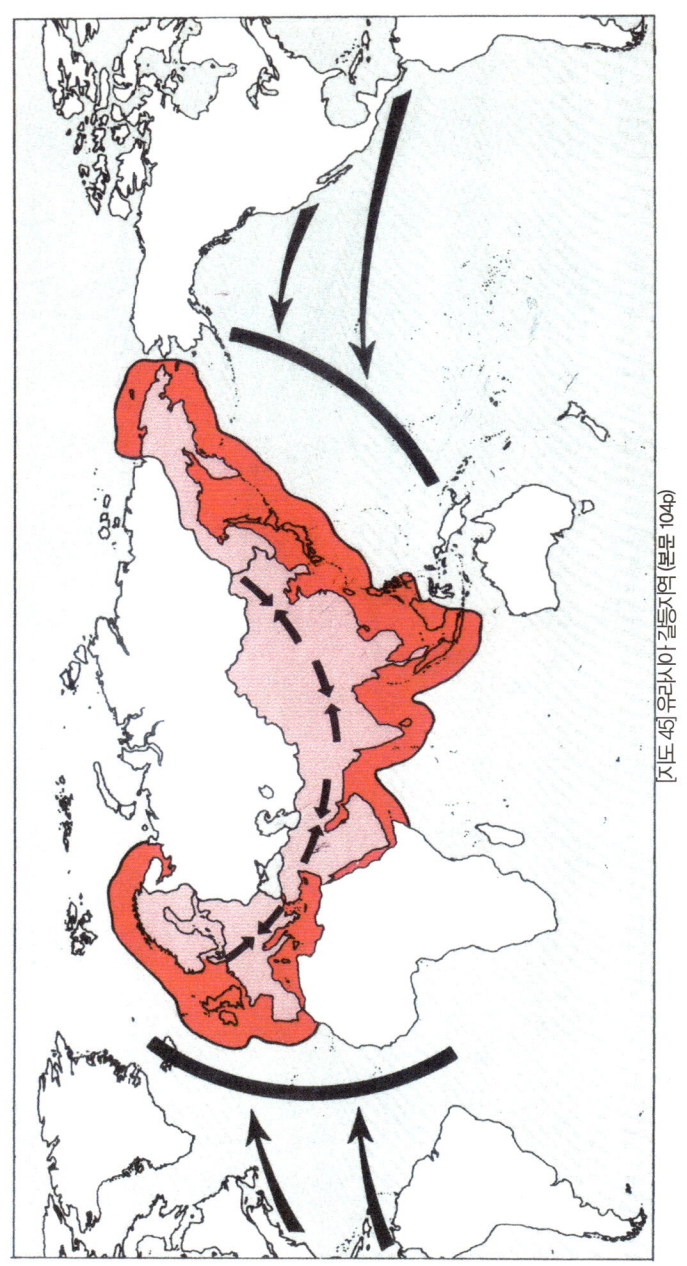

[지도 45] 유라시아 갈등지역 (본문 104p)

168 평화의 지정학

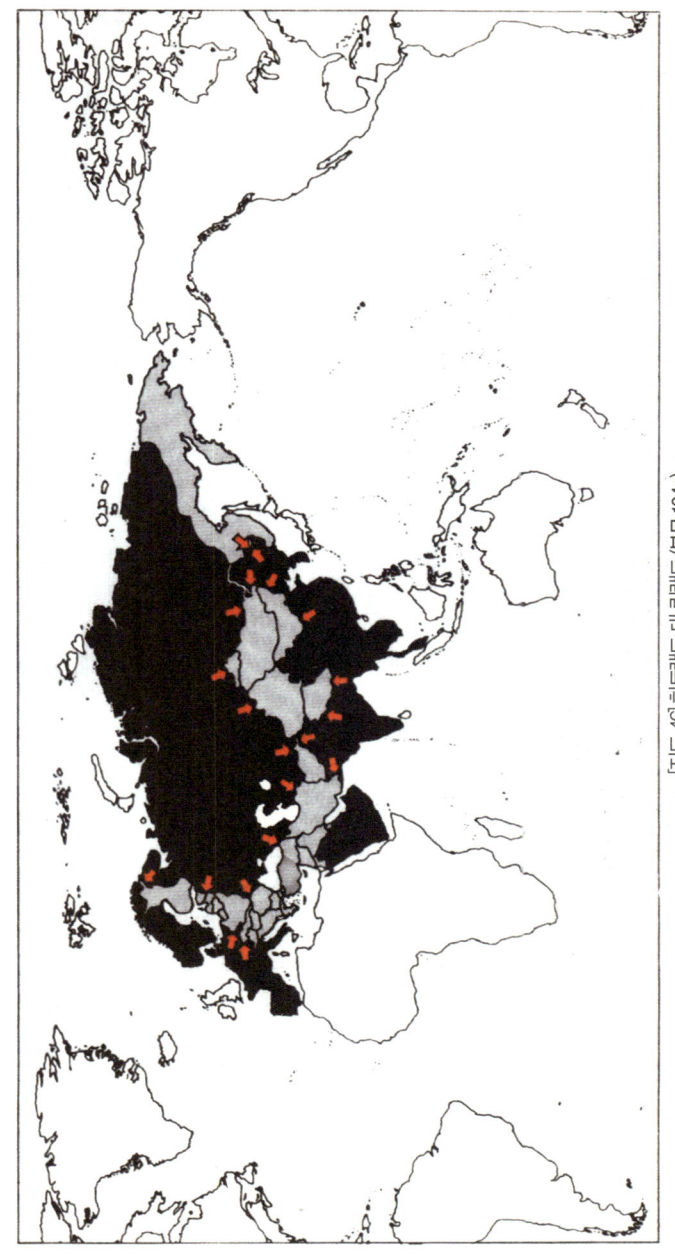

[지도 46] 하랍파 대 강가 문명 (본문 104p)

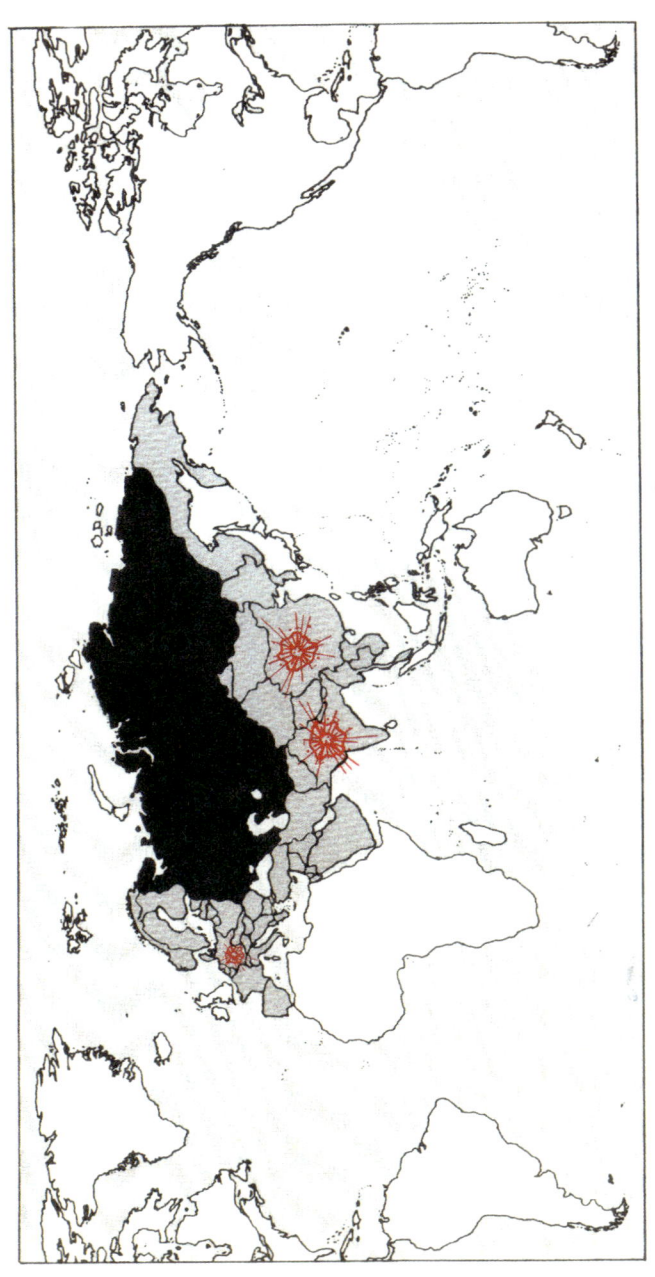

[지도 4] 램랜드 나폴레옹 (본문 105p)

170 평화의 지정학

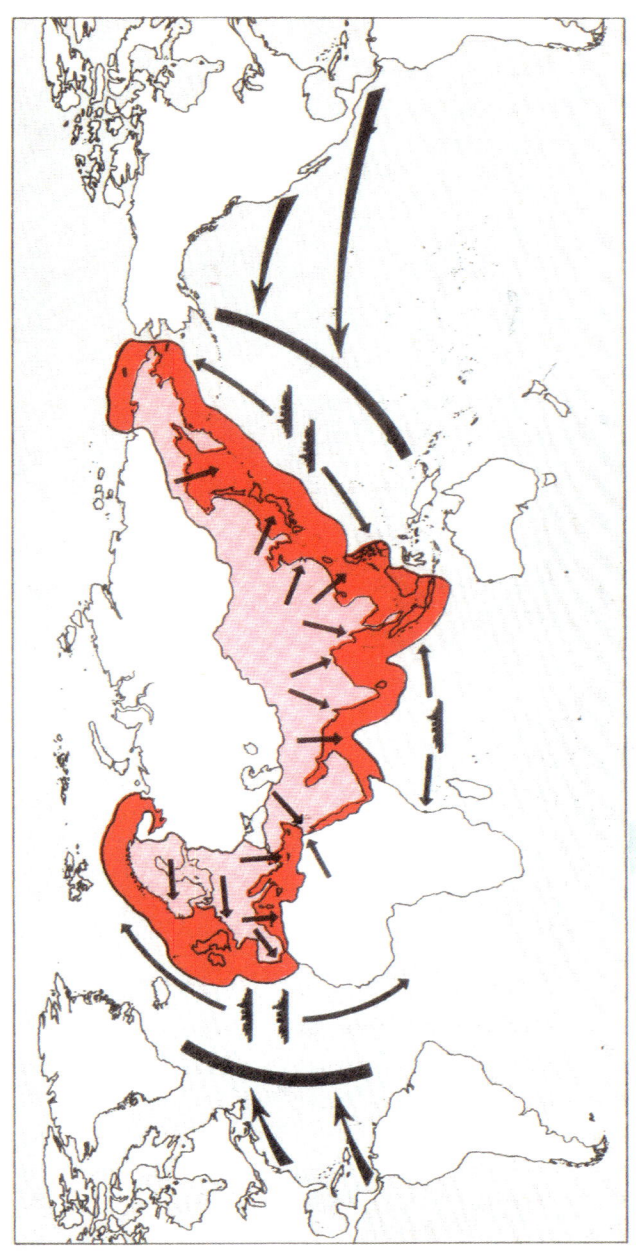

[지도 48] 해양처럼 대 수륙양면 세력의 갈등 (본문 106p)

부록_ 별색 지도 171

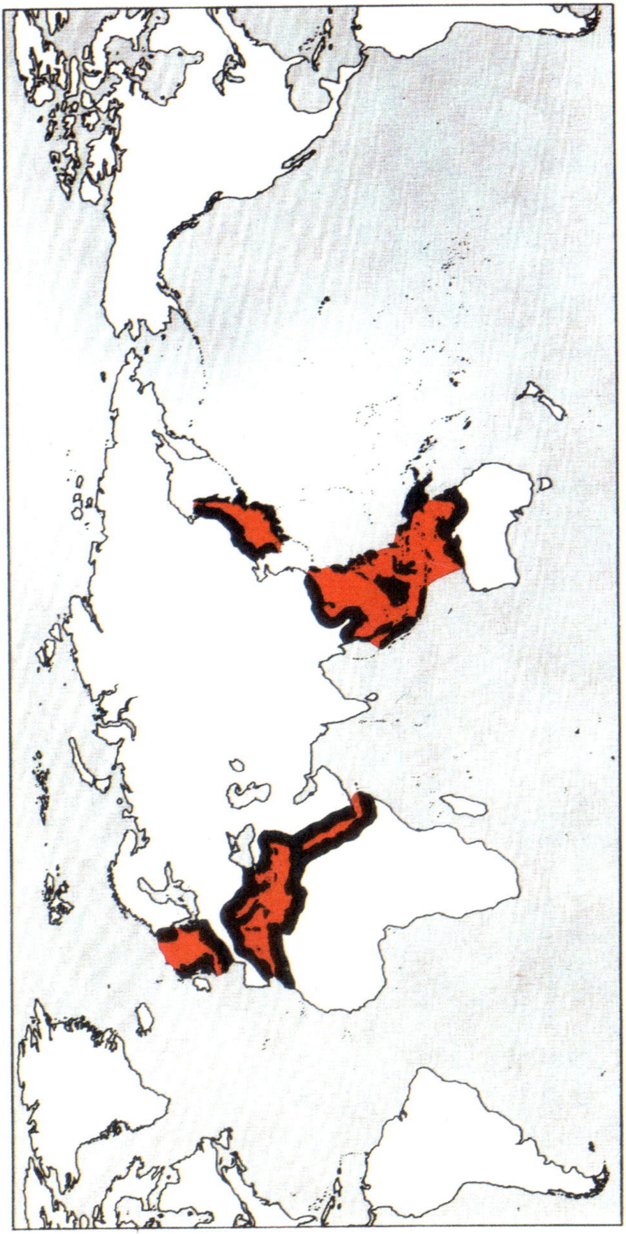

[지도 4여] 공군력과 연해(본문 107p)

172 평화의 지정학

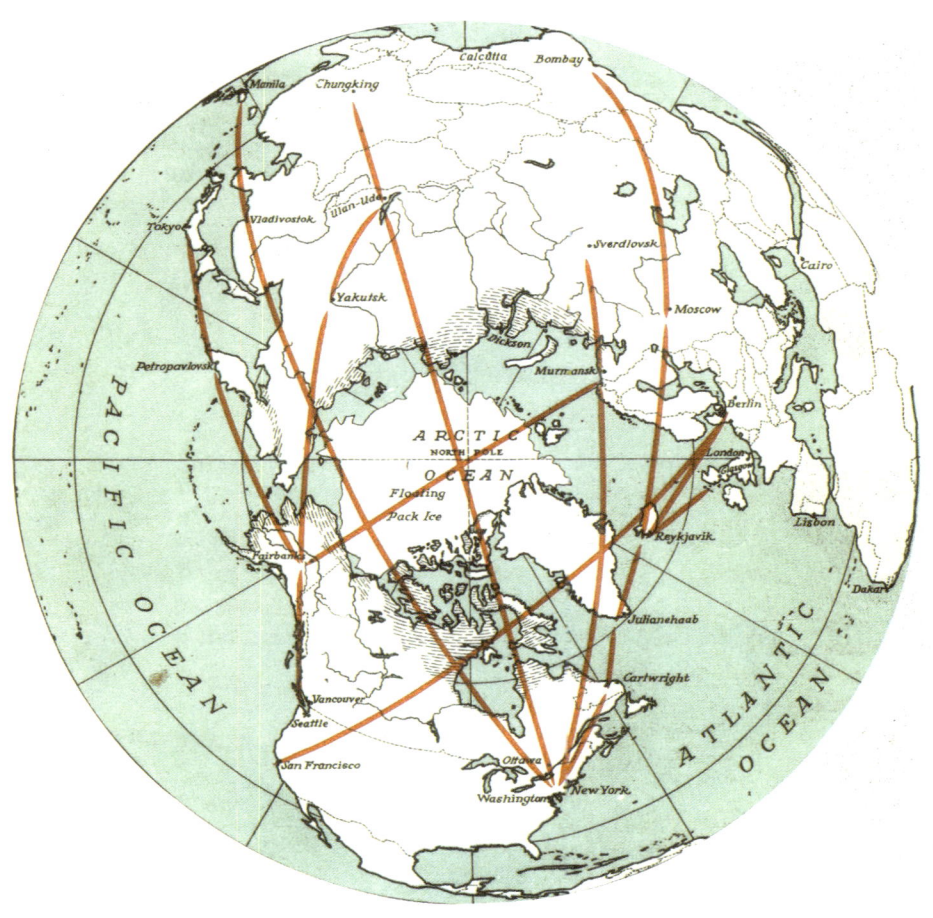

[지도 50] 북극항로 (본문 109p)

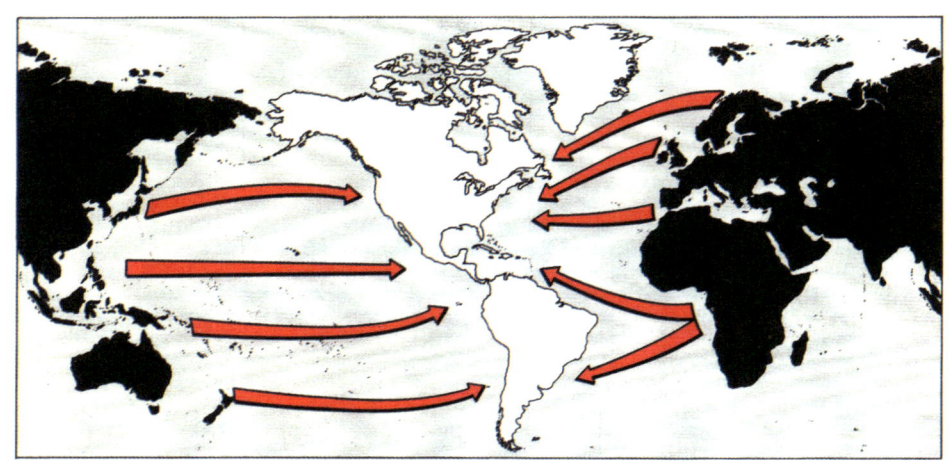
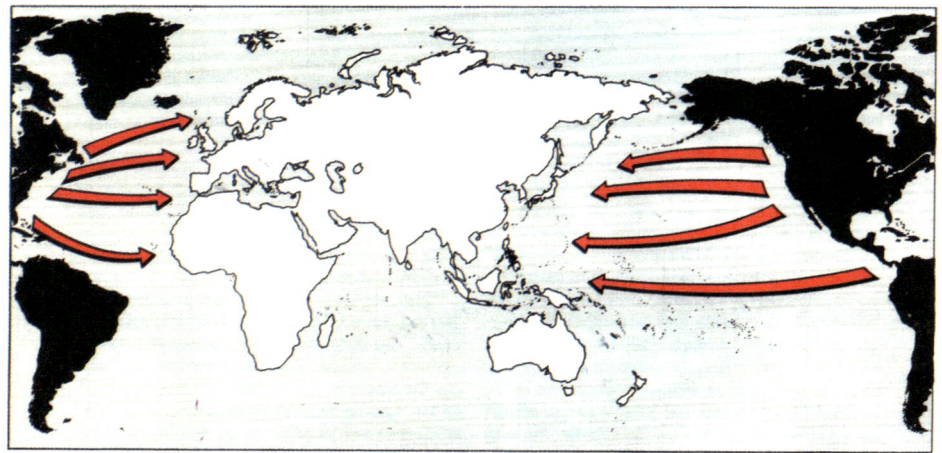

[지도 5] 서반구의 미래? (본문 115p)

평화의 지정학
The Geography of the Peace

초판 제1쇄 발행 2019년 2월 11일

지은이 니콜라스 존 스파이크먼
옮긴이 김연지, 모준영, 오세정

펴낸이 김현주

편집장 한예솔
교 정 김형수
마케팅 한희덕

펴낸곳 섬앤섬

출판신고 2008년 12월 1일 제396-2008-000090호
주 소 경기도 고양시 일산동구 백석로 119. 210-1003호.
주문전화 070-7763-7200 팩스 031-907-9420
전자우편 somensum@naver.com
인 쇄 우진테크(주)

ISBN 978-89-97454-30-3 03340

이 책의 출판권은 섬앤섬 출판사가 소유합니다. 저작권법에 따라 보호를 받는 저작물이므로 무단 전재와 복제를 금합니다.

이 도서의 국립중앙도서관 출판예정도서목록(CIP)은 서지정보유통지원시스템 홈페이지(http://seoji.nl.go.kr)와 국가자료종합목록시스템(http://www.nl.go.kr/kolisnet)에서 이용하실 수 있습니다. (CIP제어번호 : CIP2019002516)